DEN AUTENTISKE SMAG AF DEN SMELT OST-SANDWICH

100 OPSKRIFTER PÅ OSTESANDWICH, TILBEREDT PÅ GRILLEN, SOM BEDSTEMOR PLEJEDE AT LAVE DEM

Emil Meldgaard

Alle rettigheder forbeholdes.

Ansvarsfraskrivelse

Oplysningerne i denne e-bog er beregnet til at tjene som en omfattende samling af strategier, som forfatteren af denne e-bog har forsket i. Resuméer, strategier, tips og tricks er kun anbefalinger fra forfatteren, og læsning af denne e-bog garanterer ikke, at ens resultater nøjagtigt vil afspejle forfatterens resultater. Forfatteren af e-bogen har gjort alle rimelige anstrengelser for at give aktuelle og nøjagtige oplysninger til e-bogens læsere. Forfatteren og dens medarbejdere vil ikke blive holdt ansvarlige for eventuelle utilsigtede fejl eller udeladelser, der måtte blive fundet. Materialet i e-bogen kan indeholde oplysninger fra tredjeparter. Tredjepartsmateriale består af meninger udtrykt af deres ejere. Som sådan påtager forfatteren af e-bogen sig ikke ansvar eller ansvar for noget tredjepartsmateriale eller udtalelser.

E-bogen er copyright © 2022 med alle rettigheder forbeholdt. Det er ulovligt at videredistribuere, kopiere eller skabe afledt arbejde fra denne e-bog helt eller delvist. Ingen dele af denne rapport må gengives eller gentransmitteres i nogen form for reproduceret eller gentransmitteret i nogen som helst form uden skriftligt udtrykt og underskrevet tilladelse fra forfatteren.

INDHOLDSFORTEGNELSE

INDHOLDSFORTEGNELSE 4
INTRODUKTION 8
    HVORFOR VI ALLE ELSKER GRILLED CHEESE SANDWICH 8
    FREMSTILLING AF GRILLEDE OSTESANDWICHER 10
    VALG AF OST 11
GRILLET OST 17
    1. RICOTTA GRANOLA CRUMBLE GRILLET OST 18
    2. LASAGNE GRILLET OST 21
    3. ITALIENSK KLASSISK GRILLET OST 24
    4. MIDDELHAVS FRIKADELLER GRILLET OST 27
    5. SPINAT PESTO & AVOCADO GRILLET OST 30
    6. JORDBÆR BASILIKUM PROSCIUTTO GRILLET OST 33
    7. RICOTTA SMØR & SYLTETØJ GRILLET OST 35
    8. BUFFALO KYLLING GRILLET OST 37
    9. VEGGIE PIZZA GRILLET OST 40
    10. KYLLING & VAFLER GRILLET OST 44
    11. CHEDDAR & SURDEJ GRILLET OST 47
    12. GRILLET OSTESANDWICH 50
    13. SPINAT & DILD HAVARTI PÅ BRØD 52
    14. GRILLET JACK ON RYEMED SENNEP 55
    15. RADICCHIO & ROQUEFORT PÅPAIN AU LEVAIN 58
    16. HVIDLØG GRILLET OST PÅ RUG 61
    17. BRITISKSMELTET OST& PICKLE 64
    18. FRISK MOZZARELLA, PROSCIUTTO& FIGEN JAM 66
    19. SJÆLDEN ROASTBEEF MED BLÅSKIMMELOST 69
    20. RØDE LEICESTERMED LØG 71
    21. SPINAT & DILD HAVARTIPÅ BRØD 74
    22. ÅBENT ANSIGTGRILLET CHEDDAR&DILD PICKLE 77

23. Harry's Bar Special..79
24. Crostinialle Carnevale...82
25. Bruschettafra en oliven...85
26. Casse Croûte af blåskimmelost og Gruyère..........................88
27. Sprød trøffel Comtémed sorte kantareller............................91
28. Gedeost-toastsmed Krydderier..95
29. Roquefort sandwich&Rødbedemarmelade...........................98
30. Bocadillo fra Øen Ibiza..102
31. ForeningGrilletSandwich...106
32. Welsh Rarebitmed pocheret æg...110
33. Grillet skinke, ost og ananas...113
34. En varm muffaletta...116
35. cubansk sandwich...119
36. Parisisk grillet ost...123
37. BocadillofraØen Ibiza..125
38. Tomat & Mahon ost på olivenbrød....................................128
39. Emmentaler & PæreSandwich..131
40. Grillet Pumpernickel og Gouda...134
41. Mahon ost på sort oliven brød..137
42. Røget Tyrkiet, Taleggio &Gorgonzola..............................140
43. Smeltet Jarlsbergpå surdej...143
44. Torta af kylling, Queso Fresco og Gouda..........................146
45. Panini afAubergine Parmigiana..150
46. Grillet aubergine og Chaumes,...154
47. Svampe & Smeltet Ost påPain au Levain..........................158
48. sicilianskSydde ostmed Kapers& Artiskokker...................162
49. Skalaloppine& Pesto sandwich...165
50. Quesadillas, Piadine & Pita sandwich................................169
51. Mozzarella,Basilikum Piadine..172
52. Quesadillas på græskartortillas...175
53. Pepperoni, Provolone & Pecorino Pita!..............................180
54. Grillet fåreost Quesadillas...183
55. Grillet cheddar, chutney og pølse.....................................185
56. Prosciutto & Taleggio med figner på Mesclun...................188

57. Fontina med Rucola, Mizuna & Pærer...................191
58. Chèvre sandwich i salat...................194
59. Syrede Halloumi-sandwicher med Lime...................197
60. TrøfletRistet brød & Rucola salat...................200
61. Toast med jordbær & flødeost...................203
62. BrødbuddingSandwicher...................207
63. Korn & ost burger...................211
64. Sort angus burger med cheddar ost...................214
65. Grillet amerikansk ost og tomat sandwich...................217
66. Grillet æble og ost...................219
67. Grillede aubergine- og ostepakker...................221
68. Grillet blå ostesandwich med valnødder...................224
69. Grillet cheddarost og skinkesandwich...................227
70. Fest Grillet ost og bacon...................230
71. Grillet ost bruschetta...................232
72. Grillede osteslugere...................234
73. Grillet ost i fransk toast...................236
74. Grillet ostebrød...................238
75. Grillet ost sandwich tærte...................240
76. Grillet ost med artiskokker...................243
77. Grillet ost med olivada...................245
78. Grillet ost med røget kalkun og avocado...................247
79. Grillet kylling på gedeosttoast...................250
80. Grillet ost-chipotle sandwich...................253
83. Grillet dobbelt ost fylder kyllingebryst...................256
84. Grillet oksefilet med blåskimmelost...................259
85. Grillede spøgelses- og græskarostsandwicher...................263
86. Grillet gedeost i friske vindrueblade...................266
87. Italiensk grillet ost...................269
88. Åbent ost- og tomatsandwich...................271
89. Surdej, tomat, rød og blå ost...................273
90. Portobello Po'Boys...................276
91. Sjusket Bulgur-sandwich...................279
92. Muffaletta sandwich...................282

SERVICE 285

    93. Tomatsuppe 286

    94. Zucchini & sommer squashbrød 289

    95. Sød og sur ristet peberfrugt 292

    96. Chutney-karry sennep 295

    97. Sennep med skalotteløg og purløg 297

    98. Frisk ingefær sennep 299

    99. Solbeskinnet sennep med citrus 301

    100. Provencalsk sennep med rød peber og hvidløg 303

KONKLUSION 305

INTRODUKTION

Hvorfor vi alle elsker Grilled Cheese Sandwich

Sprødt ristet i panden eller stegt med åbent ansigt til en smeltende syden, er der få ting, der er mere lokkende end en grillet ostesandwich.

Den gyldenbrune toast knaser på ydersiden, mens du bider i den, og giver dens bløde, varme, osende ost. Du får et sus af fornøjelse og et gys af både det forbudte og det velkendte: den smøragtige sprødhed af jordbrød med dets lag af smeltende varm ost. Ost og smurt toast kan godt være en diætluksus i disse dage, måske endda tabu for nogle; dog er grillede ostesandwich den kulinariske ækvivalent til et komforttæppe. En grillet ostesandwich er sandsynligvis det, som din mor gav dig, din skole fodrede dig, og din barndom fodrede dig. Og det kan bare være, hvad du fodrer dig selv og nære venner og familie, i det mindste lejlighedsvis.

Grillede ostesandwicher kan være en af de enkleste ting at lave, noget du kan lave næsten enhver time med ingredienser lige der i dit køkken allerede på mindre end et par minutter.

Morgenmad, frokost, middag, efter skole eller midnatssnack ... alle er det perfekte tidspunkt for en grillet ostesandwich.

Fremstilling af grillede ostesandwicher
Du behøver egentlig ikke specielle dimser, selvom der er nogle smarte, der skaber en sprød yderside med smeltet ost indeni. Der er presser, der presser fede ruller, fremragende til italiensk panini, cubanske sandwich, bocadillos og almindelig gammel grillet ost. Og der er smørrebrødsmagere, der trykker de udvendige kanter af brød stramt, tæt, åh så tæt sammen for at omslutte smeltet varm smeltet ost. (Sidstnævnte var meget populære i Storbritannien i tresserne - jeg har fået at vide, at der ikke var en husstand uden en.) Men virkelig, en god tung stegepande - helst nonstick - gør tricket for pandebrune grillede ostesandwicher og en slagtekylling fungerer perfekt for åbne ansigter.

Selvom grillede ostesandwich ikke kan være mere end pandebrunt brød og ost, tager en lille pynt dem til et helt andet plan: stimulerende, spændende, tør jeg sige, spændende?

Få kan modstå så sprøde, gyldne, osende fristelser; Jeg ved, at jeg aldrig kan.

Valg af ost
Det vigtigste kriterium for at vælge din ost er, om den smelter eller ej.

Ikke alle oste smelter. Hispanic oste såsom panela smelter ikke; heller ikke cypriotisk anari, halloumi eller en italiensk bjergost som den, jeg engang spiste i Assisi stegt over åben ild. Sådanne oste er lækre serveret sydende for sig selv, men er ubrugelige i grillede ostesandwicher.

På den anden side er meget cremede oste, delikate i smagen, bløde og fløjlsagtige i konsistensen, næsten allerede ved at smelte. De bevarer ikke deres karakter og integritet i en grillet ostesandwich. Sæt dem sammen med en anden fastere, mere selvsikker, sassier ost.

De fleste faste oste, der kan skæres, er vildt til grillning og kan bruges i flæng med andre af lignende karakter.

For at hjælpe med at vælge er her en miniguide over ostetyper, kategoriseret efter smag og tekstur.

> A. URIPEDE OSTE gennemgår ikke en modningsproces. Disse omfatter hytteost,

flødeost, mascarpone, blød gedeost, fromage blanc, Quark, indisk panir, Robiola, spansk og latinamerikansk Requeson, ricotta eller den simple yoghurtost, labna. De er milde, mælkeagtige og bløde; hvis de bruges i grillede ostesandwicher, har de en tendens til at køre ukontrolleret, så de skal parres med en fastere, mere robust ost.

B. FRISK MOZZARELLA, på den anden side, blev lavet til at smelte ind i forførende tyggestrenge, pizza-stil. Passer godt til tomater, hvidløg og italiensk smag samt mexicansk salsa eller med indisk karrykrydderi.

C. FETA OST er en semi-frisk ost lavet af presset ostemasse; det smelter delvist og er lækkert i grillede ostesandwicher, når det kombineres med andre mere smeltelige oste såsom Jack eller mozzarella.

D. DOBBELT OG TRIDBEL CRÈME OST er stærkt beriget med fløde. Til grillede ostesandwiches er disse bedst blot lagt i lag på varm toast og får lov til forsigtigt at smelte fra varmen fra toasten, i stedet for at koge i en gryde.

E. BLAND, MILDE OG LET SMELT oste er milde i smagen, bløde smidige og semi-faste i konsistensen. Listen omfatter hollandske Edam og Gouda, latinamerikanske mennonita og Asadero, Bel Paese, Muenster og indenlandske eller danske. Provolone, provatura og scamorza er alle milde italienske oste, ofte lavet til den klassiske romerske grillede ostegodbid: lagt på brød, toppet med en ansjos eller to, derefter stegt indtil sydende.

F. Bløde, modnede smagfulde OSTE omfatter Reblochon, Tommes, Chaumes og Tomme de Montagne samt klosterostene. De er udviklet gennem århundreder i Europas klostre og omfatter Port Salut, Saint Paulin, Esrom, Tilsit og Havarti. De er rige og delikate; nogle, såsom Taleggio og hele Stracchino-familien, går ind i kategorien ganske rige og altid så stinkende – selvom de er lækre.

G. OST i SCHWEIZISK STIL har sædvanligvis hårde svære svære og indre med huller forårsaget af udvidelsen af gas i ostemassen under modningsperioden.

H. FAST OST med fuld smag er gyldne og smagfulde, men alligevel ikke stinkende;

disse oste smelter lækkert. De kan være ko-, gede- eller fåremælk eller en kombination af alle tre. Spansk manchego, medium Asiago, Mahon, ældet Gouda, Idiazabal, Ossau Iraty Brebis, italiensk fontina, caciocavallo, Montasio, tomme de Savoie og Ig Vellas liflige mezzo secco eller en delvis ældet Sonoma Jack - alle er værd at opsøge.

I. OSTE i CHEDDAR-STIL er nogle af de mest fremstillede oste i verden. Et godt eksempel på osten vil være fast i konsistensen med en klar, blød smag. Som ung er Cheddar mild, blød og noget gummiagtig; Efterhånden som den modnes, udvikler den et skarpt og syrligt bid samt et element af tørt smuldrende.

J. ENGELSK OST som Gloucester, Cheshire, Leicester, Lancashire, Derby, Wensleydale og Caerphilly tilhører alle Cheddar-familien. Wensleydale og Caerphilly er dog skarpere og smuldrer, mindre smeltelige (par dem sammen med en mere cremet ost til grillede ostesandwicher).

K. EKSTRA-HÅRDE OSTE, såsom parmesan, lagret Asiago, locatelli Romano, pecorino (lavet af fåremælk), bjergost fra de græske øer såsom kofalotiri, grana, tør Jack, Sbrinz, Cotija og Enchilado er alle kendt for deres usædvanlige hård tekstur og deres stærke, skarpe smag. Nogle - såsom parmesan - har en let nøddeagtig smag. De fleste af disse oste skal rives eller barberes fint for optimal smelteevne.

L. BLÅÅREDE OST er kendetegnet ved et kød med blå, blågrønne eller grønne, samt skarpe aromaer og syrlige smage

M. BLOMSTERENDE ELLER BLOMSTERIGE OSTE, såsom Camembert, Brie, Coulommiers og Affinois/pavé d'Affinois, er således navngivet på grund af den lette, dunede hvide skorpe, der vokser på deres overflader, resultatet af, at de er blevet behandlet med Penicillium-kandidatsporen. Indersiden af disse oste skal være bløde og farven af hø eller fløde.

N. GEDE- OG FÅREOST er tydeligt anderledes i smag fra komælkesoste. Generelt har de en snert af ladegården. De kan være friske og syrlige eller formet og ældet til en række forskellige former og størrelser.

O. KRYDDE ELLER SMAGSOSTE kan være fræk og vulgære på et ostebord, men er perfekt smeltet ind mellem brødets låg.

P. RYGET OST kan være enhver form for ost, behandlet med trærøg. Provolone og mozzarella tager begge pænt til at ryge (og er især gode i en sandwich med karamelliserede løg i en smule balsamico).

Q. STÆRKT LUFTENDE OST, såsom Limburger, stinkende Bishop, Maroilles, Livarot, Pont l'Eveque og Epoisses, er måske ikke selskabelige tilføjelser til enhver grillet ostesandwich, men smækket ind mellem tynde skiver sort pumpernickel med papirtynde skiver af løg, eller lagt i lag på ristet baguette.

R. FORARBEJDET OST er normalt lavet af en eller to forskellige ostetyper blandet sammen, derefter hvirvlet og opvarmet. Som følge heraf standses dens modningsproces. Det kan aldrig udvikle individuel karakter, fordi de mikroorganismer, der skaber sådanne ting, går tabt i bearbejdningen.

GRILLET OST

1. Ricotta Granola Crumble Grillet Ost

Ingredienser:

- 15 oz. Ricotta
- 4 æg
- 1/2 kop mælk
- 8 skiver pancetta
- 1 lille rødløg, skåret i tynde skiver
- 5 spiseskefulde blødgjort smør, delt
- 1/2 kop brun farin
- 2 kopper granola
- 8 skiver kanelsnurrbrød

Vejbeskrivelse;

a) Pisk æg med mælk og stil til side.

b) Tilsæt pancetta til forvarmet stegepande og kog indtil sprød på medium høj varme. Fjern og sæt til side.

c) Læg løg i den forvarmede stegepande med 1 spsk smør. Når løgene begynder at koge, tilsæt brun farin og kog indtil de er bløde.

d) Kom granola i en skål og stil ved siden af æggeskålen.

e) Læg brødskiver ud og smør smør på den ene side af hver skive, med i alt 2 spsk smør. På den smurte side fordeles et tykt lag ricotta.

f) Top ricotta med løg og pancetta og dæk med den resterende skive brød. Når den er lukket, dyppes hele sandwichen i æggeblandingen og overføres til granolaen, så den dækker alle sider fuldstændigt.

g) Forvarm en nonstick-pande og smelt 2 spsk smør ved lav til medium varme. Når smørret er smeltet, tilsæt sandwich og kog i cirka 90 sekunder, tryk ned med en spatel. Vend og gentag indtil de er sprøde. Fjern, skær og server.

2. Lasagne grillet ost

Ingredienser:

- 16 oz. Mozzarella, skåret i skiver
- 15 oz. Ricotta
- 2 spsk revet parmesan, delt 1/2 tsk sort peber
- 1 tsk frisk hvidløg, hakket
- 16 oz. hakket oksekød
- 1 spsk frisk basilikum, blandet
- 8 skiver italiensk brød
- 2 spsk blødgjort smør
- 1 tsk hvidløgspulver
- 16 oz. tomatsauce, delt

Vejbeskrivelse;

a) I en røreskål kombineres ricotta, 1 spsk parmesan, sort peber, hvidløg og basilikum. Sæt til side.

b) Varm en stor stegepande op over medium-høj varme. Kog og rør oksekødet, indtil det er helt brunt, cirka 7-10 minutter.

c) Læg brød, smør på den ene side og drys med hvidløgspulver og resterende parmesan.

d) På den ikke-smurte side af 4 stykker fordeles ricottablandingen (ca. 1-2 spsk på hvert stykke). Læg den kogte hakkebøf på ricottaen, efterfulgt af skiverne af mozzarella. På de resterende 4 stykker fordeles 1-2 spsk tomatsauce og lægges på mozzarellaen for at lukke sandwich.

e) Flyt til en forvarmet pande på medium varme og kog i cirka 90 sekunder, tryk ned med en spatel. Vend og gentag indtil osten er smeltet og gyldenbrun.

f) Fjern, skær og server med resterende tomatsauce til at dyppe eller dække sandwich.

3. Italiensk klassisk grillet ost

Ingredienser:

- 16 oz. Mozzarella, skåret i skiver
- 2 spsk revet parmesan
- 4 pølsefrikadeller
- 1 grøn peber, skåret i tynde skiver
- 1 rød peberfrugt, skåret i tynde skiver
- 1 lille løg, skåret i tynde skiver
- 1/4 kop olivenolie
- 3/4 tsk hvidløgspulver
- 8 skiver italiensk brød
- 2 spsk blødgjort smør

Vejbeskrivelse;

a) Kog pølsebrødene til en indre temperatur på 165 grader F på grillen eller i en grillpande.

b) Læg skåret peberfrugt og løg på en bageplade. Smør let med olie og drys med hvidløgspulver. Bages ved 375 grader F i 10 minutter, indtil de er bløde.

c) Læg brødskiverne ud og smør smør på den ene side. Krydr den smurte side med hvidløgspulver og parmesan.

d) Læg en skive mozzarella, pølsepatty, peberfrugt og løg i lag på den smurte side, og afslut med mere mozzarella.

e) Luk sandwich og læg i en nonstick-pande på medium varme. Kog i cirka et minut, tryk ned med en spatel.

f) Vend og gentag indtil osten er smeltet og gyldenbrun. Fjern, skær og server.

4. Middelhavs frikadeller grillet ost

Ingredienser:

- 16 oz. Mozzarella, skåret i skiver
- 15 oz. Ricotta
- 2 spsk parmesan, delt
- 8 skiver italiensk brød, skåret tykt
- 2 spsk blødgjort smør
- 16 oz. tomatsovs
- 4 oz. pesto sauce eller 12-16 friske basilikumblade, blandet med 1/4 kop olivenolie
- 2 kviste frisk mynte (ca. 12-16 blade), hakket
- 8-2 oz. frosne frikadeller (kogte), skåret i skiver

Vejbeskrivelse;

a) Læg skiver brød ud. Fordel smør på den ene side af hver og drys 1 spsk parmesan på smørsiderne.

b) Vend, og fordel tomatsauce og et tykt lag ricottaost på ikke-smurte sider. Fordel pesto på ost, efterfulgt af hakket mynte og resterende parmesan. Derefter lægges frikadelleskiver i lag og top med mozzarella.

c) Luk sandwich og flyt til en medium forvarmet nonstick-pande. Kog i cirka 90 sekunder, tryk ned med en spatel. Vend og gentag indtil osten er smeltet og gyldenbrun. Fjern, skær og server.

5. Spinat Pesto & Avocado Grillet Ost

Ingredienser:

- 16 oz. Mozzarella, skåret i skiver
- 15 oz. Ricotta
- 1 spsk parmesan, revet
- 2 spsk frisk basilikum, finthakket
- 8 skiver marmorrugbrød
- 2 spsk blødgjort smør
- 1-8 oz. pakke frossen spinat, optøet og afdryppet
- 2 avocadoer (modne), udstenede og skåret i skiver

Vejbeskrivelse;

a) I en lille røreskål kombineres ricotta, pesto og parmesanost og blandes med gaffel, indtil det er blandet. Fold for at gøre ricotta ekstra luftig. Sæt til side.

b) Læg brødskiverne ud og fordel smør på den ene side af hvert stykke.

c) Fordel 1-2 spiseskefulde ricottablanding på den smurte side af 4 skiver.

d) Bræk spinaten og læg den på ricottasiden efterfulgt af avocado og mozzarella.

e) Luk sandwich og læg i en medium forvarmet pande. Kog i cirka 90 sekunder, tryk ned med en spatel. Vend og gentag indtil osten er smeltet og gyldenbrun. Fjern, skær og server.

6. Jordbær basilikum prosciutto grillet ost

Ingredienser:

- 12 oz. Frisk mozzarella, skåret i skiver
- 8 skiver hvidt brød, skåret tykt
- 2 spsk blødgjort smør
- 8 friske jordbær (mellem til store), skåret i tynde skiver
- 12 friske basilikumblade, hele
- 8 skiver prosciutto, skåret tyndt
- 2 oz. balsamico glasur

Vejbeskrivelse;

a) Læg skiver brød og smør på den ene side af hver.

b) På den smurte side lægges frisk mozzarella, jordbær, basilikumblade og prosciutto i lag. Dryp med balsamico glasur; læg det resterende brød ovenpå og overfør det til en forvarmet nonstick-pande. Kog i cirka et minut, tryk ned med en spatel. Vend og gentag indtil gyldenbrun.

c) Fjern, dryp med ekstra balsamicoglasur over toppen, hvis det ønskes, skær og server.

7. Ricotta smør & syltetøj grillet ost

Ingredienser:

- 15 oz. Ricotta
- 4 spsk mandelsmør
- 2 tsk honning
- 12 skiver pancetta (bacon kan erstattes)
- 8 skiver hvidt brød, skåret tykt
- 2 spsk blødgjort smør
- 8 spiseskefulde jordbærsyltetøj eller gelé

Vejbeskrivelse

a) I en lille røreskål kombineres mandelsmør, honning og ricotta. Sæt til side.

b) Kog pancettaen til den er sprød.

c) Læg brødskiverne ud og fordel smør på den ene side af hvert stykke. Vend brødet, og fordel ricotta/mandelsmørblandingen på den smørfrie side efterfulgt af gelé/marmelade og derefter pancetta.

d) Luk sandwichen og flyt til en forvarmet gryde ved lav til medium varme.

e) Kog i cirka 90 sekunder, tryk ned med en spatel. Flip og gentag, indtil den er gyldenbrun. Fjern, skær og server.

8. Buffalo kylling grillet ost

Ingredienser:

- 16 oz. Mozzarella, skåret i skiver
- 4-4 oz. udbenet kyllingebryst, skåret i skiver
  1/4 kop vegetabilsk olie 1/2 kop varm sauce
- 1 selleri stilk, lille
- 1 gulerod, lille
- 8 skiver hvidt brød
- 2 spsk blødgjort smør
- 1 kop blåskimmelostdressing

Vejbeskrivelse

a) Læg kyllingen på en tallerken. Smør begge sider med olien og læg dem på en forvarmet grill eller grillpande. Kog til en indre temperatur på 165 grader F, ca. 3 minutter på hver side. Fjern fra grillen og læg i varm sauce. Sæt til side.

b) Skær selleri i små stykker. Skræl gulerod og barber med et rivejern.

c) Tag 8 skiver brød, smør den ene side og fordel blåskimmelost på den anden side. På blåostsiden lægges mozzarella, kylling, selleri, gulerødder i lag og afslut med mere mozzarella.

d) Top med det andet stykke brød og læg i en nonstick-pande ved middel varme. Kog i cirka et minut, tryk ned med en spatel.

e) Vend og gentag indtil osten er smeltet og gyldenbrun. Fjern, skær og server.

9. Veggie Pizza Grillet Ost

Ingredienser:

- 16 oz. Mozzarella, skåret i skiver
- 15 oz. Ricotta
- 4 spsk parmesan, delt
- 1 aubergine, lille
- 2 røde peberfrugter
- 1 zucchini, stor
- 3/4 kop olivenolie, delt
- 1 tsk frisk hvidløg, hakket
- 4 - 8 tommer pizzaskorper, forkogte
- 1 kvist frisk rosmarin, stilket og finthakket

Vejbeskrivelse

a) Forvarm ovnen til 375 grader F.

b) Skræl aubergine og skær i 1/4 tomme skiver. Skær peberfrugt og zucchini i 1/4 tomme skiver. Læg grøntsagerne ud på en bageplade og dæk dem let med olivenolie. Bages i ovnen ved 375 grader i 15-20 minutter, indtil de er bløde.

c) Tilsæt ricotta, hvidløg og halvdelen af parmesanen i en røreskål og bland med en gaffel, indtil det er blandet. Fold for at gøre ricotta ekstra luftig. Sæt til side.

d) Læg den forbagte pizzaskorpe ud og overtræk let med den resterende olivenolie. Drys den ene side med hakket rosmarin og resterende parmesan. Vend, og fordel ricottablandingen på den ukrydrede side. Sæt til side.

e) Når grøntsagerne er færdige, samles sandwich ved at placere aubergine, zucchini og peberfrugt på ricotta-halvdelen af skorpen efterfulgt af mozzarellaen. Luk og anbring i en forvarmet stegepande eller nonstick-pande ved lav til medium varme. Sørg for, at panden er større end skorpen.

f) Kog i cirka 90 sekunder, tryk ned med en spatel. Vend og gentag indtil gyldenbrun og osten er helt smeltet. Fjern, skær og server.

10. Kylling & vafler grillet ost

Ingredienser:

- 16 oz. Mozzarella, skåret i skiver
- 12 skiver pancetta, skåret tyndt
- 1 spsk ahornsirup
- 1/2 kop mayonnaise
- 2 friske ferskner (eller 1 lille dåse ferskner, drænet)
- 8 frosne vafler
- 2 spsk blødgjort smør
- 4-4 oz. udbenet kyllingebryst
- 1 kop mel
- 1 kop kærnemælksranchdressing
- 2 kopper vegetabilsk olie

Vejbeskrivelse

a) Kog pancettaen i en nonstick-gryde, indtil den er let sprød.

b) Bland sirup og mayonnaise sammen og stil til side.

c) Skær ferskner i tynde skiver.

d) Læg vafler og smør på den ene side af hver. Vend og fordel mayonnaiseblandingen på den ikke-smurte side af vaflerne.

e) Mel kylling, dyp derefter kylling i ranchdressing og derefter tilbage i mel.

f) Bring vegetabilsk olie til medium varme i en stegepande og steg kyllingen, indtil den er brun på begge sider og den indre temperatur når 165 grader.

g) På mayonnaisesiden af vaflen, læg mozzarella, kylling, pancetta, ferskner i lag og afslut med mere mozzarella og en anden vaffel.

h) I en nonstick-gryde ved medium varme, kog i et minut, tryk ned med en spatel. Vend og gentag indtil osten er smeltet og gyldenbrun. Fjern, skær og server.

11. Cheddar & surdej Grillet ost

Giv 1 portion

Ingredienser:
- 2 stykker surdejsbrød
- 1½ spsk usaltet smør
- 1½ spsk mayonnaise
- 3 skiver cheddarost

Vejbeskrivelse

a) På et skærebræt smøres hvert stykke brød med smør på den ene side.

b) Vend brødet og fordel hvert stykke brød med mayonnaise.

c) Læg osten på den smurte side af det ene stykke brød. Top det med det andet stykke brød, mayonnaisesiden udad.

d) Opvarm en nonstick-pande over medium lav varme.

e) Læg sandwichen på panden med mayonnaisesiden nedad.

f) Kog i 3-4 minutter, indtil de er gyldenbrune.

g) Vend sandwichen med en spatel og fortsæt med at lave mad, indtil den er gyldenbrun, cirka 2-3 minutter.

12. Grillet ostesandwich

Udbytte 2

Ingredienser:

- 4 skiver hvidt brød
- 3 spsk smør, delt
- 2 skiver cheddarost

Vejbeskrivelse

a) Forvarm stegepanden over medium varme.

b) Smør generøst den ene side af en skive brød. Læg brødet med smørsiden nedad på pandebunden og tilsæt 1 skive ost.

c) Smør en anden skive brød på den ene side og læg smørsiden opad ovenpå sandwichen.

d) Grill indtil let brunet og vend; fortsæt med at grille, indtil osten er smeltet.

e) Gentag med de resterende 2 skiver brød, smør og skive ost.

13.   Spinat & Dild Havarti på brød

SERVERER4

Ingredienser:

- 8 tynde skiver hvidt brød i italiensk landlig stil

- 3-4 spsk hvid trøffelpasta eller anden trøffel- eller trøffelporcini

- 4 ounce Taleggio ost, skåret i skiver

- 4 ounce fontina ost, skåret i skiver Blødt smør til smøring på brød

Vejbeskrivelse

a) Spred let 1 side af hver skive brød med trøffelpasta. Top 4 af skiverne med Taleggio og fontina, og top hver med endnu et trøffelpasta-spredt brød.
b) Spred let smør på ydersiden af hver sandwich, og opvarm derefter en paninipresse eller en tung nonstick-gryde over medium-høj varme.
c) Brun sandwichene, vend en eller to gange, indtil brødet er sprødt og gyldent, og osten er smeltet.
d) Server straks, duftende med trøffel og osende smeltet ost, skåret i kvarte eller lækre barer.

14. Grillet Jack on Ryemed sennep

SERVERER 4

Ingredienser:

- 2 spsk grøn oliven tapenade

- 3 spsk mild dijonsennep

- 8 skiver rugbrød med frø

- 8-10 ounce Jack ost eller anden mild hvid ost (såsom Havarti eller Edam), skåret i skiver

- Olivenolie til pensling af brød

Vejbeskrivelse

a) Bland tapenade med sennep i en lille skål.
b) Læg brødet ud og fordel 4 af skiverne på den ene side kun med tapenadesennep efter smag. Top med osten og det andet stykke brød, og tryk derefter godt sammen.
c) Børst let ydersiden af hver sandwich med olivenolien, og brun den derefter i en sandwichmaskine, paninipresse eller tung nonstick-gryde, vægtet nedat presse sandwichene efterhånden som de bruner.
d) Kog over medium-høj varme, indtil den er let sprød på ydersiden, og osten smelter indeni.
e) Serveres varm og sydende, gyldenbrun.

15. Radicchio & Roquefort på Pain au Levain

SERVERER 4

Ingredienser:

- 6-8 ounce Roquefort ost
- 8 tynde skiver pain au levain eller surdejsbrød
- 3 spsk ristede grofthakkede pekannødder
- 4-8 store blade radicchio
- Olivenolie til pensling eller blødt smør til at smøre på brød

Vejbeskrivelse

a) Fordel Roquefort-osten jævnt på alle 8 skiver brød.
b) Drys 4 af ostespredningsskiverne med pekannødder, og top hver med et stykke eller 2 af radicchioen; brug nok af bladene til at kigge ud over kanterne. Top hver med et andet stykke ostebrød og tryk sammen for at forsegle. Pensl ydersiden med olie eller smør.
c) Opvarm en tung nonstick-gryde eller paninipresse over medium-høj varme. Læg sandwichene i gryden, arbejd i 2 omgange, afhængigt af grydens størrelse. Vægt ned i henhold til Tip på, og kog, vend en eller to gange, indtil brødet er sprødt og osten er smeltet.
d) Server straks, skåret i halve eller kvarte.

16. Hvidløg grillet ost på rug

SERVERER 4

Ingredienser:

- 4 store, tykke skiver surdejsrugbrød
- 4 fed hvidløg, halveret
- 4-6 ounces fetaost, i tynde skiver eller smuldret
- 2 spsk hakket frisk purløg eller grønt løg
- Cirka 6 ounce tyndt skåret eller revet mild hvid smeltende ost såsom Jack, medium Asiago eller Chaume

Vejbeskrivelse

a) Forvarm slagtekyllingen.
b) Rist brødet let på en bageplade under grillen. Gnid begge sider med hvidløg. Hak eventuelt resterende hvidløg og stil det til side et øjeblik.
c) Læg fetaen over toppen af de hvidløgsgnedne toasts, drys med rester af hakket hvidløg, derefter med purløg, og top med den anden ost.
d) Steg indtil osten smelter og syder, let brunende i pletter, og kanterne af toasten er sprøde og brune.
e) Server med det samme, varm og osende.

17. britiskSmeltet ost& Pickle

SERVERER4

Ingredienser:

- 4 skiver solidt smagfuldt hvidt eller fuldkornsbrød
- Ca. 3 spsk Pickle, groft hakket
- 6-8 ounce stærk moden cheddarost eller engelsk Cheshire, skåret i skiver

Vejbeskrivelse

a) Forvarm slagtekyllingen.
b) Anret brødet på en bageplade. Rist let under slagtekyllingen, fjern derefter og fordel picklen generøst på det let ristede brød; top med ost og kom under slagtekyllinger, indtil osten smelter.

18. Frisk mozzarella, Prosciutto & Figen Jam

SERVERER4

Ingredienser:

- 4 bløde franske eller italienske ruller (eller halvbagte, hvis de er tilgængelige)
- 10-12 ounce frisk mozzarella, tykke skiver
- 8 ounce prosciutto, skåret i tynde skiver
- $\frac{1}{4}$-$\frac{1}{2}$ kop figenmarmelade eller figenkonserves efter smag
- Blødt smør til smøring på brød

Vejbeskrivelse

a) Del hver rulle, og lag med mozzarella og prosciutto. Smør de øverste skiver med figenmarmeladen, og luk derefter op.
b) Smør let ydersiden af hver sandwich.
c) Opvarm en tung nonstick-gryde eller paninipresse over medium-høj varme. Læg sandwichene i gryden, arbejd i to omgange afhængigt af grydens størrelse. Tryk påsandwicheller luk grillen og brun, vend en eller to gange, indtil brødet er sprødt og osten er smeltet. Selvom rullerne starter som runde, er

de, når de først er blevet presset, betydeligt fladere og kan let vendes, om end forsigtigt.

19. Sjælden roastbeef med blåskimmelost

SERVERER4

Ingredienser:

- 4 bløde surdej eller søde rundstykker (eller hvis tilgængelig, 1 halvbagtbaguetteskåret i 4 portioner)

- 10-12 ounce blå ost, ved stuetemperatur for lettere spredning

- 8-10 ounce sjælden roastbeef, i tynde skiver

- Håndfuld brøndkarseblade

- Blødt smør til smøring på brød

Vejbeskrivelse

a) Del hver rulle, og fordel derefter generøst med blå ost på hver side. I hver rulle lægges roastbeef, derefter brøndkarsebladene, og luk igen, og tryk godt for at forsegle.
b) Smør let ydersiden af hver sandwich.
c) Opvarm en tung nonstick-gryde eller paninipresse over medium-høj varme.
d) Læg sandwichene i gryden, arbejd i 2 omgange, afhængigt af grydens størrelse.

e) Vægt ned i henhold til Tip, og kog, vend en eller to gange, indtil brødet er sprødt og osten er smeltet.

20. Røde Leicester med løg

SERVERER 4

Ingredienser:

- 8 tynde skiver blød fuldkornshvede, spiret hvedebær, dild eller fyldig hvid, såsom kartoffelbrød

- ½ mellemstort løg, pillet og skåret i meget tynde skiver på tværs

- 10-12 ounce mild Cheddar-type ost

- Olivenolie til pensling eller blødt smør til at smøre på brød

- En mild, spunky, meget interessant sennep efter eget valg

Vejbeskrivelse

a) Læg brødskiverne ud. Top 4 stykker brød med et enkelt lag løg, derefter nok ost til at dække brødet og løget helt. Top hver med de resterende skiver brød for at danne sandwich, og tryk godt sammen.
b) Pensl ydersiden af sandwichene med olivenolie eller smør med blødt smør.
c) Opvarm en tung nonstick-gryde eller sandwichpresse over medium-høj, tilsæt derefter sandwichene og reducer varmen til medium. Placer avægt på toppenhvis du bruger en stegepande, sænk varmen, hvis den truer med at brænde på. Tjek af og til; når de er gyldne og flagerbrune på den ene side, vend dem, vægt ned og brun den anden side.
d) Server straks, skåret i tern eller trekanter, ledsaget af sennep til dupning.

21.   Spinat & Dild Havartipå brød

SERVERER4

Ingredienser:

- 2 fed hvidløg, hakket
- 2 spsk ekstra jomfru olivenolie, delt
- 1 kop kogt, hakket spinat, drænet og presset tør
- 8 skiver flerkornsbrød eller 1 stykke focaccia, ca. 12 × 15 tommer, skåret vandret
- 8 ounce dild Havarti, skåret i skiver

Vejbeskrivelse

a) Opvarm hvidløget i 1 spsk olivenolie i en kraftig nonstick-gryde ved middel-lav varme, tilsæt spinaten og kog sammen et øjeblik eller to for at varme igennem.
b) På 4 skiver af brødet (eller det nederste lag af focacciaen), anbring osten, og top med spinaten og et andet stykke brød (eller toppen af focacciaen).
c) Tryk sammen for at forsegle godt, og pensl derefter let ydersiden af sandwichene med den resterende olivenolie.
d) Brun sandwichene i gryden, vægtning af dem, eller i en panini-presse ved medium-høj varme. Kog til den er let sprød og gylden på den ene side, vend derefter og brun den anden side. Når osten er smeltet er sandwichen klar.
e) Server straks, skær på diagonalen.

22. Åbent ansigt Grillet cheddar & Dild Pickle

SERVERER 4

Ingredienser:

- 4 skiver hvidt brød af god kvalitet
- 6-8 ounce moden cheddarost, i tynde skiver
- 1-2 søde cornichoner eller kosher dild pickles, skåret i tynde skiver

Vejbeskrivelse

a) Forvarm slagtekyllingen.
b) Rist brødet let under slagtekyllingen, og top derefter hver skive med lidt ost, pickle og mere ost. Steg indtil osten smelter og kanterne af brødet bliver sprøde og brunede.
c) Server med det samme, skåret i kvarte.

23. Harry's Bar Special

GØR 12; SERVERER 4

Ingredienser:

- 6 ounce Gruyère, Emmentaler eller anden schweizisk ost, revet groft
- 2-3 ounce røget skinke i tern
- En generøs knivspids tør sennep
- Et par shakes af Worcestershire sauce
- 1 spsk piskefløde eller creme fraiche, eller nok til at holde det hele sammen
- 8 meget tynde skiver tæt hvidt brød, skorper skåret af
- Olivenolie til pensling eller blødt smør til at smøre på brød

Vejbeskrivelse

a) I en mellemstor skål kombineres osten med røget skinke, sennep og Worcestershire sauce. Bland godt, bland derefter fløden i, tilsæt lige nok til, at den danner en fast blanding og holder sammen.
b) Fordel ost- og skinkeblandingen meget tykt på 4 stykker af brødet og top med de 4 andre. Tryk godt sammen og skær sandwich i 3 fingre hver.
c) Pensl ydersiden af sandwichene med olivenolie, brun derefter over medium-høj varme i en tung nonstick-gryde, og tryk dem ned med din spatel, mens de koger. Når de er let sprøde på den første side, vend dem og brun den anden side.
d) Serveres varmt, med det samme.

24. Crostinialle Carnevale

GØR 16; SERVERER4

Ingredienser:

- 16 tynde baguetteskiver, skåret på diagonalen og gerne lidt uaktuelle

- 2 spsk ekstra jomfru olivenolie

- 3 fed hvidløg, hakket, delt

- 4 ounces ricottaost

- 4 ounce mild Asiago, Jack eller fontina ost, skåret i tern, revet groft eller skåret i strimler

- 6-8 cherrytomater i kvarte eller i tern

- 2 spsk hakket ristet rød peber

- 1-2 spsk basilikumpesto

Vejbeskrivelse

a) Forvarm slagtekyllingen.
b) Smid baguetteskiverne med olivenolien i en skål, og læg dem i et enkelt lag i en bageplade eller på en bageplade. Rist under grillen i cirka 5 minutter, eller indtil de er let gyldne. Fjern og vend toastene med halvdelen af hvidløget. Sæt til side.
c) I en lille skål kombineres det resterende hvidløg med ricottaost, Asiago, cherrytomater, peberfrugt og pesto.
d) Top hver toast med en stor klat af fyldet. Arranger på bagepladen og kom under slagtekyllingen, indtil osten smelter og syder, og kanterne af toastene er sprøde og brune.
e) Server med det samme.

25. Bruschettafra en oliven

GØR 16 TIL 24; SERVERER 8

Ingredienser:

- 4 skiver pain au levain eller andet rustikt landbrød, skåret i 4 til 6 stykker pr.

- 2 fed hvidløg

- Cirka 1 spsk ekstra jomfru olivenolie

- 4 ounces fetaost, skåret i skiver Revet skal af 1 citron

- 4 ounce mild smeltende ost såsom Jack, fontina eller mild Asiago, i tynde skiver eller strimlet

- Omkring 3 ounce ung rucola

Vejbeskrivelse

a) Forvarm slagtekyllingen.
b) Rist brødet let under slagtekyllingen. Fjern fra varmen og gnid begge sider med hvidløg.
c) Læg de hvidløgsgnedne toasts på en bageplade og dryp meget let med lidt olivenolie, læg derefter fetaosten på, drys med citronskal, top med Jack-osten, og giv et sidste dryp olivenolie. Steg indtil osten smelter og bobler let.
d) Server med det samme, hver lille, åben grillet ostesandwich toppet med en lille håndfuld rucolablade.

26. Casse Croûte af blåskimmelost og Gruyère

SERVERER 4

Ingredienser:

- 1 baguette, delt på langs og let udhulet
- 2-3 spsk blødt smør til smøring på brød
- 1-2 spsk tør hvidvin
- 3-4 fed hvidløg, hakket
- 8-10 ounce smagfuld blåskimmelost
- 8-10 ounce Gruyère
- Rivning af muskatnød

Vejbeskrivelse

a) Forvarm slagtekyllingen.
b) Fordel baguettehalvdelene let på indersiden med smørret, og drys derefter med lidt af hvidvinen og lidt af hvidløget. Læg et lag på ostene, afslut med et lag af Gruyère, og afslut med en rivning af muskatnød, det resterende hvidløg og et par dråber mere af vinen.
c) Steg sandwichene, indtil osten smelter og syder, og kanterne af brødet er sprøde og brune.
d) Skær i stykker på et par centimeter lange, og server med det samme.

27. Sprød trøffel Comté med sorte kantareller

SERVERER 4

SAUTEREDE SORTE KANTARELLER

Ingredienser:

- 1 ounce friske eller ½ ounce tørrede sorte kantarelsvampe
- 6 spsk usaltet smør
- ¼ kop svampe- eller grøntsagsbouillon
- 2 spsk sort trøffelolie, eller efter smag

Sandwicher

- 1 baguette, skåret i tynde skiver på en let diagonal
- 8 ounces Comté ost, skåret omkring 1/8 tomme tykke og skåret, så de passer til de små skiver baguette
- 1-2 spsk ekstra jomfru olivenolie til pensling af brød
- 1-2 fed hvidløg, hakket
- 1-2 spsk hakket frisk purløg eller fladbladet persille

Vejbeskrivelse

a) To lav de sauterede kantareller: Hvis du bruger friske svampe, vask og tør dem, og hak dem fint. Hvis du bruger tørrede svampe, hæld svampebouillonen, der er opvarmet til lige kogning, over svampene for at genvande. Lad det sidde tildækket i cirka 30 minutter, eller indtil det er blødt og smidigt. Fjern fra væsken og pres tør, og reserver væsken til madlavningen nedenfor. Hak de rehydrerede svampe og fortsæt som med friske.

b) Varm smørret op over medium varme i en tung nonstick-gryde; når de er smeltet og nøddebrune, tilsæt svampene og syd et par øjeblikke i det varme smør. Hæld bouillon i og kog over medium-høj varme, indtil væsken er næsten fuldstændig fordampet, 5 til 7 minutter. Fjern fra varmen og hæld i en skål. Lad det afkøle et par minutter, tilsæt derefter trøffelolien, og rør godt rundt, og bland det kraftigt.

c) Læg baguetteskiverne ud; smør halvdelen af dem med den trøffelde svampeblanding, top derefter skiver af osten og til sidst de resterende stykker baguette. Tryk godt sammen; sandwichene, der er små med et relativt tørt fyld, har en tendens til at falde fra hinanden. Når sandwichene er brune, smelter osten og holder dem sammen.

d) Pensl ydersiden af hver sandwich let med olivenolien. Opvarm en tung nonstick-gryde over medium-høj varme, og tilsæt derefter sandwichene, og arbejd i partier efter behov. Top med envægtog reducer varmen til medium eller medium-lav. Brun sandwichene, vend en eller to gange, indtil brødet er sprødt og gyldent, og osten er smeltet. Drys med lidt af hvidløg og purløg, og server.

e) Dryss hvidløg på lige før du tager det ud af panden, bevarer den skarpe og stærke smag af det rå hvidløg, så hver lille sandwich smager som en hvidløgscrouton fyldt med ost og trøffel. Gentag med de resterende sandwich, og fjern eventuelle rester af hvidløg fra panden, så det ikke brænder på næste omgang sandwich bruning.

28. Gedeost-toasts med Krydderier

GØR 12; SERVERER 4

Ingredienser:

- 12 tynde baguetteskiver, gerne lidt forældede
- Ekstra jomfru oliven olie
- 3-4 ounce let lagret gedeost
- Cirka ¼ tsk malet spidskommen
- ½ tsk timian
- ¼-½ tsk paprika
- Cirka 1/8 tsk malet koriander
- 2 fed hvidløg, hakket
- 1-2 spsk hakket frisk koriander

Vejbeskrivelse

a) Forvarm slagtekyllinger.
b) Pensl baguetteskiverne med olivenolie, læg dem i et enkelt lag på en bageplade, og rist dem let under grillen på hver side.
c) Top de ristede baguetteskiver med osten, og drys derefter med spidskommen, timian, paprika, koriander og hakket hvidløg. Dryp med olivenolie og steg, indtil osten smelter let og bruner i pletter.
d) Drys med koriander og server med det samme.

29. Roquefort sandwich & Rødbedemarmelade

GØR 8; SERVERER 4

INGEFREDE RØDEMALADE

Ingredienser:

- 3 mellemstore rødbeder (16 til 18 ounce i alt), hele og uskrællede
- 1 løg i kvarte, plus ½ løg, hakket
- ½ kop rødvin
- Cirka ¼ kop rødvinseddike
- Cirka 2 spsk sukker
- 2 spsk rosiner eller tørrede figner i tern
- Cirka ½ teskefuld hakket skrællet frisk ingefær
- Knip fem-krydderi pulver, nelliker eller allehånde

Sandwicher

- 16 meget tynde skiver diagonale stykker gammel baguette eller tynde skiver gammel ciabatta
- 6 ounces Roquefort ost

- Cirka 1 spsk olivenolie til pensling af brød
- Omkring 2 kopper (3 ounce) brøndkarse

Vejbeskrivelse

a) Forvarm ovnen til 375°F.
b) Sådan laver du roemarmeladen: Placer rødbederne, kvarte løg og rødvin i en bradepande, lige stor nok til at passe dem med et par centimeter mellemrum. Dæk gryden med aluminiumsfolie, og bag derefter i en time, eller indtil rødbederne er møre. Fjern, afdæk og lad det køle af.
c) Når det er afkølet, fjerner du skindet fra rødbederne, og skær derefter i $\frac{1}{4}$ til 1/8-tommers stykker. Hak det kogte løg groft og kom det sammen med de ristede rødbeder i tern og kogesaften fra gryden i en gryde sammen med det hakkede rå løg, eddike, sukker, rosiner, ingefær og flere spiseskefulde vand.
d) Bring i kog og kog ved middelhøj varme, indtil løget er blødt, og det meste af væsken er fordampet. Lad det ikke brænde. Fjern fra varmen og juster smag med mere sukker og eddike. Krydr meget subtilt - kun en knivspids -

med pulver med fem krydderier. Sæt til side. Gør omkring 2 kopper.

e) Sådan laver du sandwich:Læg 8 af baguetteskiverne ud og fordel hver tykt med Roquefort ost. Top hver med de resterende skiver baguette og tryk godt sammen for at holde. Pensl hver side af de små sandwich med en lille mængde olivenolie.

f) Opvarm en tung nonstick-gryde over medium-høj varme og læg sandwichene i den. Reducer varmen til medium-lav eller medium. Kog sandwichene til de bliver sprøde gyldne på den første side, tryk let sammen med spatelen, vend derefter og brun den anden side let.

g) Anret de sprøde, varme smørrebrød på en tallerken, pyntet med en tot eller to brøndkarse og en generøs skefuld af rødbedemarmeladen.

30.   Bocadillo fra øen Ibiza

SERVERER 4

TUN OG RØD PEBERSPREDE

Ingredienser:

- 6 ounce hvid-kød tun, pakket i olivenolie, drænet
- 1 rød peber, ristet, skrællet og hakket (fra en krukke er fint)
- ½ løg, finthakket
- 4-6 spsk mayonnaise
- 1 spsk ekstra jomfru olivenolie
- 1-2 tsk paprika, gerne ungarsk eller spansk
- Et par dråber frisk citron
- Juice
- Salt
- Sort peber

Sandwicher

- 8 skiver soltørret tomatbrød
- 8 ounces lagret Gouda ost, Jack eller hvid Cheddar
- Olivenolie til pensling af brød

Vejbeskrivelse

a) Sådan laver du tunblandingen: Bryd tunen op med en gaffel i en mellemstor skål, og bland derefter med rød peber, løg, mayonnaise, ekstra jomfru olivenolie, paprika, citronsaft, salt og peber. Juster mængden af mayonnaise for at opnå en dejlig tyk konsistens.

b) Sådan laver du sandwichene: Arranger 4 skiver af brødet og top hver med en fjerdedel af osten. Top med tunblandingen, derefter med det resterende brød.

c) Pensl let ydersiden af sandwichene med olivenolien. Varm en tung nonstick-gryde op over medium-høj varme og tilsæt sandwichene.

d) Væg dem ned med bunden af en tungstegepande, ikke for at presse dem, men for at holde toppene på og holde dem flade, mens osten smelter. Sænk varmen til medium, og steg på den første side, indtil brødet er sprødt og gyldent, vend derefter og gentag.
e) Løft vægtepanden af og til for at tjekke situationen med osten.
f) Når det smelter – og du kan mærke det, fordi der vil sive en lille smule ud – og brødet er gyldent og sprødt, skal du fjerne det fra panden. Hvis brødet bliver for mørkt, før osten smelter, skrues ned for varmen.
g) Server med det samme, varm og sydende-sprød.

31. ForeningGrilletSandwich

SERVERER 4

Ingredienser:

- 3 spsk mayonnaise
- 1 spsk kapers, drænet
- 8 tykke skiver bacon
- 8 tynde skiver pain au levain, skåret af et halvt stort brød (ca. 10 tommer lang, 5 tommer bred)
- 8 ounce Beaufort, Comté eller Emmentaler ost, skåret i skiver
- 2 modne tomater, skåret i skiver
- 2 pocheret, ristet eller grillet udbenet kyllingebryst i skiver
- Olivenolie til pensling af brød
- Cirka 2 kopper rucola blade
- Cirka 12 blade frisk basilikum

Vejbeskrivelse

a) I en lille skål kombineres mayonnaisen med kapers. Sæt til side.
b) Steg baconen i en kraftig nonstick-gryde, indtil den er sprød og brun på begge sider. Tag af panden og afdryp på absorberende køkkenrulle.
c) Læg 4 stykker af brødet på en bordplade og top hver med et lag ost, derefter et lag tomater, bacon og til sidst kyllingen.
d) Fordel generøst kapersmayonnaisen på de 4 resterende skiver brød og top hver sandwich. Tryk for at lukke tæt.
e) Pensl ydersiden let med olivenolie.
f) Opvarm en tung nonstick-gryde eller paninipresse over medium-høj varme. Tilføj sandwichene, arbejd i to omgange, hvis du har brug for det. Vægt nedsandwichlet, reducer varmen til medium, og kog indtil bunden af brødet er brunet i pletter og osten er smeltet en smule.
g) Vend forsigtigt om, og brug dine hænder til at stabilisere sandwichene på spatelen, hvis de truer med at falde fra hinanden. Brun på den anden side, uden vægt, men tryk lidt på

sandwichene for at konsolidere dem og holde dem sammen.

h) Fjern fra panden, åbn toppen af alle 4 sandwich, og stop en håndfuld rucola og et par basilikumblade, og luk dem alle sammen.

i) Skær i halve og server med det samme.

32.   Welsh Rarebit med pocheret æg

SERVERER4

Ingredienser:

- 4 store æg

- Et par dråber hvidvinseddike

- 4 skiver fuldkorns- eller surdejsbrød eller 2 halverede engelske muffins

- Cirka 2 spsk blødt smør

- 12 ounce skarp Cheddar eller Cheshire ost, groft strimlet

- 1-2 grønne løg, skåret i tynde skiver

- 1-2 tsk ale eller pilsner (valgfrit)

- ½ tsk fuldkorns sennep og/eller flere knivspidser pulveriseret tør sennep

- Flere generøse shakes af Worcestershire sauce

- Flere shakes af cayennepeber

Vejbeskrivelse

a) Pochere æggene: Knæk hvert æg og læg dem i en kop eller ramekin. Bring en dyb stegepande fyldt med vand i kog; sænk varmen og lad det koge kogende. Salt ikke vandet, men tilsæt i stedet et par shakes eddike. Hæld hvert æg i det let kogende vand.
b) Kog æggene, indtil hviderne er faste og blommerne stadig flydende, 2 til 3 minutter. Fjern med en hulske og læg på en tallerken for at dryppe overskydende vand af.
c) Forvarm slagtekyllingen.
d) Rist brødet let under grillen og smør det let.
e) Anret brødet på en bageplade. Top hvert stykke med 1 af de pocherede æg.
f) I en mellemstor skål blandes Cheddar, grønne løg, ale, sennep, Worcestershire sauce og cayennepeber sammen. Hæld forsigtigt osteblandingen jævnt over de pocherede æg, og pas på ikke at knække blommerne.
g) Steg de toasts med ost og æg, indtil osten smelter til en klæbrig sauce-lignende blanding, og kanterne af ost og toast både sprøde og brune. Server med det samme.

33. Grillet skinke, ost og ananas

SERVERER 4

Ingredienser:

- 6-8 ounce kalkunskinke, groft hakket eller skåret i bånd, hvis den allerede er skåret i tynde skiver

- 3 spsk mayonnaise eller efter behov

- 4 tykke skiver frisk ananas eller 5 skiver på dåse i sin egen juice

- 8 skiver fuldkorns- eller hvedebærbrød, skåret i tynde skiver

- Omkring 12 til 15 skiver brød-og-smør pickles

- $\frac{1}{2}$ løg, skåret i tynde skiver

- Omkring 8 ounce Taleggio ost (skallen skåret af), eller skarp Cheddar ost, skåret i skiver

- Ekstra jomfru olivenolie til pensling af brød

Vejbeskrivelse

a) I en lille skål kombineres kalkunskinken med mayonnaisen. Læg det til side.
b) Skær eller hak ananasen groft og sæt den til side i en skål. Hvis du bruger frisk, smid den med sukker efter smag.
c) Læg brødskiverne ud. På 4 af dem fordeles ananas. På de andre 4 placeres først nogle af pickles, derefter kalkunskinkesalatblandingen, så noget løg og Taleggio. Top forsigtigt med de ananas-toppede brødskiver for at danne sandwich, og tryk godt sammen. Pensl hver side let med olivenolie.
d) Opvarm en tung nonstick-gryde eller paninipresse over medium-høj varme. Læg sandwichene i gryden, brun og pres dem, indtil den første side er sprød og gylden, og osten begynder at smelte; Brug derefter din spatel og eventuelt lidt hjælp fra hånden, vend forsigtigt sandwichene og steg dem på den anden side, tryk efterhånden som de bruner.
e) Når sandwichene er sprøde og let brunede på begge sider, og osten er smeltet, tages den af panden, skæres i halve og serveres.

34. En varm muffaletta

SERVERER4

Ingredienser:

- 4 bløde franske ruller
- Ekstra jomfru oliven olie
- Et par shakes hist og her af rødvinseddike
- 4-6 fed hvidløg, hakket
- 3—4 teskefulde kapers, drænet
- 2—3 store knivspidser tørret oregano, smuldret
- $\frac{1}{2}$ kop ristet rød peberfrugt hakket eller i tern
- 4 milde syltede peberfrugter, såsom græske eller italienske, skåret i skiver
- $\frac{1}{2}$ rødt eller andet mildt løg, meget tynde skiver
- $\frac{1}{2}$ kop pimiento-fyldte grønne oliven, skåret i skiver
- 1 stor tomat, skåret i tynde skiver
- 4 ounces tørret salami, i tynde skiver
- 4 ounce skinke, røget kalkun

- 8 ounce tynde skiver provolone ost

Vejbeskrivelse

a) Åbn rullerne og træk lidt af deres luftige indre ud. Drys hver snitside med olivenolie og eddike, derefter med hvidløg, kapers og oregano. På 1 side af hver rulle lægges rød peber, syltede peberfrugter, løg, oliven, tomat, salami, skinke og til sidst osten. Luk tæt og tryk godt sammen for at hjælpe med at forsegle.
b) Varm en tung nonstick-gryde op over medium-høj varme og pensl let ydersiden af hver rulle med olivenolie. Læg sandwichene i gryden ogvægt ned, eller læg dem i en paninipresse.
c) Steg til den er gyldenbrun på den ene side, vend derefter og brun den anden side. Sandwich er klar, når de er sprødt gyldne og osten har sivet lidt og nogle steder sprødt. Skær i halve, og spis med det samme.

35. cubansk sandwich

SERVERER4

Ingredienser:

Mojo sauce

- 2 spsk ekstra jomfru olivenolie
- 8 fed hvidløg, skåret i tynde skiver
- 1 kop frisk appelsinjuice og/eller grapefrugtjuice
- ½ kop frisk limesaft og/eller citronsaft
- ½ tsk stødt spidskommen Salt
- Sort peber

Sandwicher

- 1 blød baguette eller 4 bløde lange franske ruller, delt
- Blødt smør eller olivenolie til pensling af brød
- 6 ounce tynde skiver kogt eller honningstegt skinke
- 1 kogt kyllingebryst, ca. 6 ounce, skåret i tynde skiver

- 8 ounce smagfuld ost som Gouda, manchego eller Edam, skåret i skiver
- 1 dild, kosher dild eller sød pickle, skåret i tynde skiver
- Cirka 4 blade smør eller Boston Bibb-salat
- 2-3 mellemstore, modne tomater, skåret i skiver

Vejbeskrivelse

a) For at lave Mojo-sauce: Opvarm forsigtigt olivenolie og hvidløg i en lille tyk pande, indtil hvidløget er let gyldent, men ikke brunet, cirka 30 sekunder. Tilsæt citrussaft, spidskommen, salt og peber efter smag, og tag det af varmen. Lad køle af, smag til og juster til krydderier. Holder sig op til 3 dage i køleskabet. Giver $1\frac{1}{2}$ kop.
b) Forvarm slagtekyllingen.
c) Sådan laver du sandwichene: Træk lidt af den luftige inderside ud af hver rulle. Kassér det udtrukne brød eller opbevar det til anden brug.

Pensl begge sider af rullerne med en lille smule blødt smør eller olivenolie. Rist let under slagtekyllingen på hver side, og tag derefter af varmen.

d) Sprøjt lidt af mojo-saucen på de afskårne sider af brødet, og læg derefter skinke, kylling, ost og pickle i lag. Luk godt sammen og tryk sammen for at forsegle og pensl let ydersiden af sandwichene med olivenolie.

e) Opvarm en tung nonstick-gryde eller paninipresse over medium-høj varme, og brun sandwichene, vægte dem ned. Du vil gerne presse sandwichene så flade som muligt. Kog til den er let sprød på ydersiden og osten begynder at smelte. Pres sandwichene med spatelen, når du drejer dem, så de også presses flade.

f) Når sandwichene er sprøde og brunede, tages de af panden. Åbn op, tilsæt salat og tomat, og server med det samme med ekstra mojo ved siden af.

36.   Parisisk grillet ost

SERVERER4

Ingredienser:

- 8 skiver fast, smagfuldt hvidt eller franskbrød af god kvalitet
- 4 tynde skiver kogt eller bagt skinke eller kalkunskinke
- 2 spsk usaltet blødt smør
- 4 ounces Gruyère-type ost

Vejbeskrivelse

a) Forvarm slagtekyllingen.
b) Arranger 4 skiver af brødet på en bageplade, og top derefter med skinken og de resterende skiver brød for at lave sandwich. Smør hver sandwich på ydersiden, læg derefter under slagtekyllingen, indtil den er let gylden, vend og brun på den anden side.
c) Drys ost over hele toppen af den ene side af sandwichene, og vend derefter tilbage til slagtekyllingen i et øjeblik, eller indtil osten smelter og bobler lidt hist og her. Spis med det samme med grøn salat ved siden af.

37. Bocadillo fra Øen Ibiza

SERVERER 4

Ingredienser:

- 4 store bløde flade franske eller italienske ruller, gerne surdej
- 6-8 fed hvidløg, halveret
- 4-6 spsk ekstra jomfru olivenolie
- 1 spsk tomatpure (valgfrit)
- 2—3 store modne tomater i tynde skiver
- Generøst drys af tørret oregano (helst græsk, siciliansk eller spansk)
- 8 tynde skiver spansk jamon eller lignende skinke såsom prosciutto
- Cirka 10 ounce mild og smeltende, men smagfuld ost, såsom manchego, Idiazábal, Mahon eller en californisk ost, såsom Ig Vellas semi secco eller Jack
- Blandede middelhavsoliven

Vejbeskrivelse

a) Forvarm slagtekyllingen.
b) Skær rullerne op og rist dem let på hver side under slagtekyllingen.
c) Gnid hvidløget på den afskårne side af hvert stykke brød.
d) Dryp hvidløgsbrødet med olivenolie og pensl ydersiden med lidt mere af olien. Smør let med tomatpuréen, og læg derefter de skivede tomater og deres saft på rullerne, pres tomatpureen og tomaterne i, så saften absorberes i brødet.
e) Drys smuldret oregano over, og lag derefter skinke og ost i lag. Luk op og tryk godt sammen, og pensl derefter let med olivenolie.
f) Opvarm en tung nonstick-pande eller paninipresse over medium-høj varme, og tilsæt derefter sandwichene. Hvis du bruger en pande, vægtsandwich ned.
g) Sænk varmen til middel-lav og kog indtil let sprød på ydersiden og osten begynder at smelte. Vend og brun på den anden side.
h) Skær i halve og server straks med en håndfuld blandede oliven ved siden af.

38.   Tomat & Mahon ost på olivenbrød

GØR 4

Ingredienser:

- 10—12 friske, små salvieblade
- 3 spsk usaltet smør
- 1 spsk ekstra jomfru olivenolie
- 8 skiver landbrød
- 4 ounce prosciutto, i tynde skiver
- 10-12 ounce bjergost med fuld smag, såsom fontina, lagret Beaufort eller Emmentaler
- 2 fed hvidløg, hakket

Vejbeskrivelse

a) I en tung nonstick-gryde røres salviebladene, smør og olivenolie sammen ved middel-lav varme, indtil smørret smelter og skummer.

b) Læg imens 4 skiver brød ud, top med prosciutto, derefter fontina og derefter et drys hvidløg. Læg det resterende brød ovenpå og tryk godt sammen.

c) Læg forsigtigt sandwichene i den varme salviesmørblanding; du skal muligvis lave dem i flere partier eller bruge 2 pander. Vægt meden tung bradepande ovenpåat presse sandwichene ned. Kog til den er let sprød på ydersiden og osten begynder at smelte. Vend og brun på den anden side.

d) Server sandwiches varme og sprøde, skåret i diagonale halvdele. Kassér enten salviebladene eller nip dem op, sprøde og brunede.

39. Emmentaler & PæreSandwich

SERVERER 4

Ingredienser:

- 8 tynde skiver pain au levain, surdej eller sur pumpernickel

- 4 ounce emmentaler ost, i tynde skiver

- 1 moden men fast pære, skrællet og meget tynde skiver

- 4 ounces Appenzell ost, i tynde skiver

- Flere knivspids spidskommen Blødt smør eller olivenolie til pensling af brød

Vejbeskrivelse

a) Læg 4 skiver af brødet på en arbejdsflade, top med et lag emmentalerost, derefter pære, så lidt Appenzell-ost og et drys spidskommen. Top hver sandwich med en anden skive brød og tryk godt sammen for at forsegle.
b) Smør ydersiden af hver sandwich let med smør. Opvarm en tung nonstick-gryde eller sandwichpresse over medium-høj varme. Læg en vægt påsandwich. Brun, vend en eller to gange, indtil brødet er sprødt og gyldent og osten er smeltet.
c) Server med det samme.

40. Grillet Pumpernickel og Gouda

SERVERER4

Ingredienser:

PERSILE-ESTRAGON-SENNEP

- 3 spsk fuldkorns sennep
- 3 spsk mild dijonsennep
- 2 spsk hakket frisk fladbladet persille
- 1 spsk hakket frisk estragon
- 1 lille fed hvidløg, hakket
- Et par dråber rød- eller hvidvinseddike efter smag

Sandwicher

- 8 skiver blødt mørkt pumpernickelbrød
- 8 ounces lagret Gouda, manchego eller lignende nøddelagret ost
- Blødt smør eller olivenolie til pensling af brød

Vejbeskrivelse

a) For at lave persille-estragon-sennep: Kombiner fuldkorns- og dijonsennep i en lille skål og rør persille, estragon og hvidløg i. Tilsæt et par dråber eddike efter smag og stil til side. Gør omkring 1/3 kop.
b) Sådan laver du sandwichene: Anbring 4 skiver af brødet på en bordplade. Læg et lag af osten på, og top med det andet stykke brød. Tryk sammen og fordel let eller pensl ydersiden med smørret.
c) Opvarm en tung nonstick-gryde eller paninipresse over medium-høj varme og tilsæt sandwichene. Vægt med et sekundstegepandeog reducer varmen til middel-lav. Kog indtil den første side er sprød og gylden, vend derefter og steg den anden side indtil osten er smeltet.
d) Server med det samme, med persille-estragon sennep ved siden, til at duppe på som ønsket.

41. Mahon ost på sort oliven brød

SERVERER 4

Ingredienser:

- 8 skiver sort olivenbrød
- 1 fed hvidløg, finthakket
- 4 store, fede, modne, smagfulde tomater
- 1-2 tsk friske timianblade
- 8-10 ounce Mahon, lagret Gouda eller Mezzo Secco ost
- Olivenolie til pensling af brød

Vejbeskrivelse

a) Drys 4 af brødskiverne med hvidløg, og læg derefter tomaterne i lag (lad deres saft at synke ned i brødet). Drys tomatskiverne med timianbladene.
b) Top med et lag af osten, derefter det resterende brød, for at danne 4 sandwich. Tryk sammen for at forsegle godt. Pensl ydersiden af hver med olivenolie.
c) Opvarm en tung nonstick-gryde eller sandwichpresse over medium-høj varme og tilsæt sandwichene, vægte dem ned. Brun sandwichene, vend en eller to gange, indtil brødet er sprødt og gyldent, og osten er smeltet, siver ud og sprød lige lidt, når den rammer panden.
d) Server med det samme.

42. Røget Tyrkiet, Taleggio &Gorgonzola

SERVERER4

Ingredienser:

- 1 blødt, fladt, luftigt italiensk brød, såsom ciabatta, eller 4 bløde italienske/franske rundstykker; hvis der findes halvbagte, så vælg disse

- 6 ounces Gorgonzola ost, i tynde skiver eller smuldret groft

- 8 ounce røget kalkun, i tynde skiver

- 1 mellemstor eller 2 små sprøde, men smagfulde æbler, uden kernehus, skrællede og meget tynde skiver

- 6 ounce Taleggio, Teleme, Jack eller en tomme de montagne ost, skåret i 4 skiver (Om du vil forlade Taleggio skorpen eller skære den af er op til dig; sværen har en lidt stærk smag, som nogle elsker, nogle eftertrykkeligt ikke .)

- Olivenolie til pensling af brød

Vejbeskrivelse

a) Skær brødet i 4 lige store stykker. Skær hvert stykke brød vandret, og lad 1 side være forbundet, hvis det er muligt.
b) Åbn de 4 stykker brød. På 1 side lag Gorgonzola, røget kalkun og skåret æble i lige store mængder. Top med Taleggio og luk sandwichene tæt, tryk fast for at lukke.
c) Pensl sandwichene, top og bund, med olivenolie, og opvarm derefter en tung nonstick-gryde over medium-høj varme. Læg sandwichene i den varme pande og skru ned for varmen med det samme til meget lav. Vægt på toppen, eller brug en sandwichpresse eller paninipresse.
d) Kog til de er gyldenbrune og ristede, vend derefter og brun den anden side let. Tjek en gang imellem for at være sikker på, at brødet ikke brænder på.
e) Server så snart begge sider er sprøde og osten er smeltet.

43. Smeltet Jarlsberg på surdej

SERVERER 4

Ingredienser:

- 8 mellemtykke skiver surdejsbrød
- 8 ounce Jarlsberg eller en mild smeltende ost som Jack
- 2 ristede røde peberfrugter i skiver eller 3 til 4 spsk hakkede ristede røde peberfrugter
- 2 fed hvidløg, skåret i tynde skiver
- 2 tsk hakkede friske rosmarinblade, eller efter smag
- Olivenolie til pensling af brød

Vejbeskrivelse

a) Arranger 4 skiver brød på en bordplade og top med ost, og tilsæt derefter rød peberfrugt, hvidløg og rosmarin. Top med de resterende brødskiver og tryk forsigtigt sammen. Pensl ydersiden af hver sandwich let med olien.

b) Opvarm en tung nonstick-gryde eller sandwichpresse over medium-høj varme og tilsæt sandwichene, arbejd i flere partier, hvis det er nødvendigt. Sænk varmen til middel-lav, og brun sandwichene langsomt (tryk med spatelen for at hjælpe med at blive sprøde), indtil de er let sprøde på ydersiden, og osten begynder at smelte. Vend om og gentag på anden side.

c) Server hver sandwich skåret i halve eller kvarte.

44. Torta af kylling, Queso Fresco og Gouda

SERVERER4

Ingredienser:

- 2 salvie/urtepølser (ca. 14 ounce), enten svinekød, kalkun eller vegetar
- 6 ounce strimlet Jack eller medium Asiago ost
- 1-2 spiseskefulde (ca. 2 ounce) friskrevet ost, såsom parmesan, locatelli Romano eller tør Jack
- 2 grønne løg, skåret i tynde skiver
- 2-3 tsk creme fraiche Knip spidskommen frø Lille knivspids gurkemeje Klap brun sennep
- Knip cayennepeber eller et par dråber varm pebersauce
- 8 tynde skiver fuldkornsbrød (såsom hvedebær, solsikkefrø eller spiret hvede)
- 2-3 spiseskefulde ekstra jomfru olivenolie
- 3 fed hvidløg, skåret i tynde skiver
- 1-2 konserverede citroner i marokkansk stil, skyllet godt og skåret i skiver eller hakket
- 1-2 tsk finthakket frisk fladbladet persille

Vejbeskrivelse

a) Skær pølserne groft, og brun dem derefter hurtigt ved middel varme i en lille nonstick-gryde. Tag det af panden, læg det på køkkenrulle og lad det køle af. Lad gryden stå på komfuret og sluk for varmen.
b) I en mellemstor skål blandes de 2 oste sammen med grønne løg, creme fraiche, spidskommen, gurkemeje, sennep og cayennepeber. Når pølsen er afkølet blandes den i osten.
c) Læg 4 skiver af brødet sammen med ost- og pølseblandingen, og top med et andet stykke brød. Dup godt ned og tryk let, men fast, så sandwichen holder sammen.
d) Genopvarm panden over medium-høj varme og tilsæt cirka halvdelen af olivenolie og hvidløg, skub derefter hvidløget til den ene side og tilsæt 1 eller 2 sandwich, uanset hvor mange panden vil rumme. Kog til den er let sprød på den ene side og osten begynder at smelte.
e) Vend om og steg den anden side til den er gyldenbrun. Fjern til en tallerken og gentag med de andre sandwich, hvidløg og olie. Du kan enten kassere det let brunede hvidløg eller nappe i det; Uanset hvad du gør, så fjern det fra

gryden, før det sortner, da det vil give en bitter smag til olien, hvis den brænder på.
f) Server sandwichene med det samme, rygende varme, skåret i trekanter og drysset med den konserverede citron og hakket persille.

45. Panini af Aubergine Parmigiana

SERVERER4

Ingredienser:

- ¼ kop ekstra jomfru olivenolie, eller som ønsket, delt
- 1 mellemstor aubergine, skåret ½ til ¾ tomme tykke
- Salt
- 4 store bløde rundstykker, surdej eller søde
- 3 fed hvidløg, hakket
- 8 store friske basilikumblade
- Cirka ½ kop ricottaost
- 3 spiseskefulde friskrevet parmesan, pecorino eller locatelli Romano ost
- 6-8 ounce frisk mozzarellaost
- 4 modne saftige tomater, skåret i tynde skiver (inklusive deres saft)

Vejbeskrivelse

a) Anret aubergineskiverne på et skærebræt og drys rigeligt med salt. Lad sidde i cirka 20 minutter, eller indtil dråber af fugt vises på overfladen af auberginen. Skyl det godt af, og tør derefter auberginen.
b) Opvarm 1 spiseskefuld olie i en kraftig nonstick-gryde over medium varme. Tilføj så meget af auberginen, der passer i et enkelt lag og ikke trænger hinanden. Brun aubergineskiverne, flyt rundt på dem, så de brunes og koger igennem, men ikke brænder på.
c) Vend og steg på den anden side, indtil den side også er let brunet, og auberginen er mør, når den gennembores med en gaffel. Når aubergine er kogt, tages den ud på en tallerken eller pande, og fortsæt med at tilføje aubergine, indtil de alle er kogte. Stil til side i et par minutter.
d) Åbn rullerne og træk lidt af det luftige inderside ud, og drys derefter hver snitside med hakket hvidløg. På den ene side af hver rulle, læg en skive eller 2 aubergine, og top med et blad eller 2 basilikum, lidt ricottaost, et drys parmesan og et lag mozzarella. Afslut med

skivede tomater; luk op og tryk forsigtigt for at forsegle sammen.

e) Varm den samme stegepande op over medium-høj varme eller brug en paninipresse, og pensl smørrebrødene let med en smule olivenolie på ydersiden. Brun eller grill sandwichene, tryk efterhånden som de brune og sprøde.

f) Når den første side er brunet igennem, vendes og den anden side brunes til osten er smeltet. Server med det samme.

46.   Grillet aubergine og chaumes,

SERVERER4

Ingredienser:

RØD CHILI AIOLI

- 2-3 fed hvidløg, hakket
- 4-6 spsk mayonnaise Saft af ½ citron eller lime (ca. 1 spsk eller efter smag)
- 2-3 tsk chilipulver 1 tsk paprika
- ½ tsk stødt spidskommen Stor knivspids tørrede oreganoblade, knust
- 2 spsk ekstra jomfru olivenolie
- Flere shakes røget chilesauce såsom Chipotle Tabasco eller Buffala
- 2 spsk grofthakket frisk koriander
- 1 aubergine, skåret på tværs i ¼- til ½ tomme tykke skiver Olivenolie
- 4 bløde hvide eller surdejsruller eller 8 skiver hvidt eller surdejsbrød i landlig stil
- ¾ kop marineret ristet rød og/eller gul peberfrugt, helst i saltlage (købt ellerhjemmelavet,)

- Omkring 12 ounce semi-blød, men smagfuld ost

Vejbeskrivelse

a) For at lave den røde chili-aioli: Kombiner hvidløget i en lille skål med mayonnaise, citronsaft, chilipulver, paprika, spidskommen og oregano; rør godt sammen. Med din ske eller et piskeris, pisk olivenolien i, tilsæt olien et par teskefulde ad gangen og pisk det, indtil det er inkorporeret i blandingen, før du tilføjer resten.

b) Når det er glat, rystes røget chilisauce i efter smag, og til sidst røres koriander i. Dæk til og afkøl indtil klar til brug. Gør omkring 1/3 kop.

c) For at forberede auberginen skal du let pensle auberginskiverne med olivenolie og varme en tung nonstick-gryde op over medium-høj varme. Brun auberginskiverne på hver side, indtil de er let brunede og møre, når de gennembores med en gaffel. Sæt til side.

d) Sådan laver du sandwichene: Læg de åbne bløde ruller ud og lag den røde chili-aioli generøst på indersiden. Læg auberginskiver på den ene side af rullerne, derefter peberfrugterne og derefter et lag af osten. Luk op og tryk godt sammen. Pensl let ydersiden af hver sandwich med olivenolie.

e) Varm panden op igen over medium-høj varme, tilsæt derefter sandwichene og reducer varmen til medium-lav. Vægt nedsandwich, og kog i et par minutter. Når bundbrødet er gyldent og lidt brunet nogle steder, vendes det og steges på den anden side, tilsvarende vægtet.

f) 5Når også den side er gylden og sprød, skal osten være smeltet og klistret; det kan sive lidt ud og sprødt som det gør. (Smid ikke disse lækre sprøde stykker ud, bare plad dem på hver tallerken sammen med sandwichen.)

g) Fjern sandwichene til tallerkener; skæres i halve og serveres.

h) Røget bacon og cheddarmed Chipotle Relish

i) Smoky chipotle relish, en klat af syrlig sennep, kødfuld røget bacon og stærk skarp Cheddar – der er intet subtilt ved denne sandwich med stor smag. Prøv også chipotle relish på en hamburger! Et glas cerveza med en kile lime på siden kommer tæt på perfektion.

47. Svampe & Smeltet Ost på Pain au Levain

SERVERER4

Ingredienser:

- 1-1½ ounce tør porcini eller cèpes,
- Cirka ½ kop tung fløde
- Salt
- Et par korn cayennepeber
- Et par dråber frisk citronsaft
- ½ tsk majsstivelse, blandet med 1 tsk vand
- 8 skiver pain au levain eller andet franskbrød
- Ca 1 spsk blødt smør til smøring på brød
- 2 fed hvidløg, finthakket
- 8-10 ounces skåret pecorino, fontina eller Mezzo Secco ost
- 4 spsk friskrevet parmesanost
- Cirka ¼ kop finthakket frisk purløg

Vejbeskrivelse

a) Kombiner svampene og 2 kopper vand i en tyk gryde. Bring det i kog, reducer derefter varmen og lad det simre, indtil væsken næsten er fordampet, og svampene er bløde, 10 til 15 minutter.

b) Rør fløden i, og vend tilbage til varmen i et par minutter, og smag derefter til med salt, kun et korn eller to cayenne og kun en dråbe eller to citronsaft.

c) Rør majsstivelsesblandingen i og varm op ved middel-lav varme, indtil den tykner. Det skal tykne, så snart kanterne begynder at boble. Fordi creme kan variere i tykkelse, er der ingen måde at vide præcis, hvor meget majsstivelse du skal bruge.

d) Når den er tyk nok, lad blandingen køle af ved stuetemperatur. Det vil tykne yderligere, når det afkøles. Du vil have en tyk smørbar konsistens.

e) Læg alt brødet ud og pensl 1 side af hver skive meget let med smør. Vend dem alle sammen, og drys derefter hvidløg på 4 af dem. Top med skiverne af pecorino, nogle af champignonklumperne fra saucen og et drys parmesan.

f) På de øvrige 4 stykker brød (smørfri side) fordeles svampesaucen tykt. Luk sandwichene tæt. De smørsmurte sider vil være på ydersiden.

g) Opvarm en tung nonstick-gryde over medium-lav varme. Tilsæt sandwichene, 1 eller 2 ad gangen, afhængigt af pandens størrelse, og vægt dem med entung bradepande).

h) Kog til brødet er gyldent og let brunet stedvis, dejligt sprødt, og osten begynder at sive. Vend om og gentag, indtil den anden side er lige så gylden og sprød som den første, og tilsæt det hakkede hvidløg til gryden i det sidste minuts tilberedning. Osten skal være flydende nu, med et par stykker sive ud og let sprøde i kanten af skorpen.

i) Læg på en tallerken, skær i halve eller kvarte, og drys pladen med purløg. Spis med det samme. Der er intet så blødt som en kold grillet ostesandwich.

48. silianskSydde ostmed Kapers& Artiskokker

SERVERER 4

Ingredienser:

- 4—6 marinerede artiskokhjerter, skåret i skiver
- 4 tykke skiver landbrød, enten sødt eller surdej
- 12 ounce provolone, mozzarella, manouri eller anden mild og smeltbar ost, revet
- 2 spsk ekstra jomfru olivenolie
- 4 fed hvidløg, meget tynde skiver eller hakket
- Cirka 2 spsk rødvinseddike
- 1 spsk kapers i lage, drænet
- 1 tsk smuldret tørret oregano
- Flere slibninger sort peber
- 1-2 tsk hakket frisk fladbladet persille

Vejbeskrivelse

a) Forvarm slagtekyllingen.
b) Arranger artiskokkerne på brødet og læg dem på en bageplade, og top med osten.
c) Opvarm olivenolien over medium-høj varme i en tung nonstick-gryde, tilsæt derefter hvidløg og brun den let. Tilsæt rødvinseddike, kapers, oregano og sort peber, og kog et minut eller to, eller indtil væsken reduceres til omkring 2 teskefulde. Rør persillen i. Hæld det ostetoppede brød over.
d) Steg indtil osten smelter, bobler og bliver gylden pletter. Spis med det samme.

49. Skalaloppine& Pesto sandwich

SERVERER4

Ingredienser:

- To 4- til 5-ounce udbenet skindfri kyllingebryst eller koteletter af svinekød, kalkun eller kalvekød
- Salt
- Sort peber
- 2 spsk ekstra jomfru olivenolie, delt
- 3 fed hvidløg, hakket, delt
- 2 zucchinier, skåret i meget tynde skiver og duppet tørre
- 2 spsk basilikumpesto, eller efter smag
- 2 spsk revet parmesan, grana eller locatelli Romano ost
- 4 bløde surdejsruller eller fire 6-tommer stykker focaccia, halveret
- 8-10 ounce mozzarella, indenlandsk eller dansk fontina, eller Jack cheese, skåret i skiver

Vejbeskrivelse

a) Pund kødet med en kødhammer; hvis den er tyk, skæres kyllingen i meget tynde stykker. Drys med salt og peber.

b) Opvarm en tung nonstick-gryde over medium-høj varme, og tilsæt derefter 1 spsk af olien, kødet og til sidst cirka halvdelen af hvidløget. Brun kødet hurtigt på den ene side, derefter på den anden side, tag det derefter af panden, og hæld eventuelle stykker saft og hvidløg over kødet.

c) Sæt gryden tilbage på medium-høj varme, og tilsæt endnu en teskefuld eller deromkring af olien. Sauter zucchinien til den er lige akkurat mør. Fjern til en skål; smag til med salt og peber. Når det er afkølet, røres det resterende hvidløg, pestoen og parmesanosten i. Lad blandingen køle af i en skål; skyl og tør panden.

d) Med fingrene river du en lille smule af den luftige inderside af hver rulle ud for at gøre plads til fyldet. Varm panden op igen over medium-høj og rist let de afskårne sider af hver rulle. Du bliver nødt til at trykke lidt på dem; de kan rive lidt, men det er okay. De vil gå sammen igen, når de er brunet og presset med deres fyld på plads.

e) Ind i halvdelen af hver rulle fyldes flere spiseskefulde af zucchini-pesto-blandingen, og top med et lag af kødet og mozzarellaen. Luk op og tryk godt sammen for at forsegle godt.

f) Pensl den resterende olie på ydersiden af sandwichene. Varm gryden op igen over medium-høj varme. Vægt sandwich for at hjælpe med at presse dem ned og holde dem sammen. Reducer varmen til medium-lav og kog indtil den første side er sprød og gylden og osten begynder at smelte. Vend om og gentag.

g) Server når sandwichene er sprøde gyldne og osten smelter forførende.

50. Quesadillas, Piadine & Pita sandwich

SERVERER 4

Ingredienser:

- 12 ounce frisk ged3 fed hvidløg, hakket
- Cirka 1-tommer stykke frisk ingefær, groft hakket (ca. 2 tsk)
- 3–4 spsk grofthakkede friske mynteblade
- 3-4 spsk grofthakket frisk koriander
- 3 spsk almindelig yoghurt
- $\frac{1}{2}$ tsk sukker, eller efter smag Stor knivspids salt
- Flere gode shakes af Tabasco eller anden varm sauce, eller $\frac{1}{2}$ frisk chili, hakket
- 8 mel tortillas
- Ost med svær såsom Lezay eller Montrachet, skåret $\frac{1}{2}$ til $\frac{3}{4}$ tomme tykke
- Olivenolie til pensling af tortillas

Vejbeskrivelse

a) Purér hvidløget med ingefæren i en foodprocessor eller blender, og tilsæt derefter mynte, koriander, yoghurt, sukker, salt og varm sauce. Rør rundt, indtil det danner en grøn, lidt tyk pasta.
b) Læg 4 tortillas ud, og fordel dem først med koriander-mynteblandingen, derefter et lag af gedeosten, og top med de andre tortillas.
c) Pensl let ydersiden af hver sandwich med olivenolie og steg, en ad gangen, i en kraftig nonstick-gryde ved middel varme. Brun nogle minutter, indtil de er let gyldne i pletter, tryk lidt ned på dem med spatelen, mens de koger.
d) Vend forsigtigt ved hjælp af spatelen; når den anden side er plettet med brun og guld, skal osten smeltes. Tag af panden og skær i tern.
e) Server straks.

51.   Mozzarella, Basilikum Piadine

SERVERER4

Ingredienser:

- 4 piadine eller mellemstore (12-tommer) meltortillas

- 3-4 spsk tomatpure

- 1 stor moden tomat, skåret i tynde skiver

- 1-2 fed hvidløg, hakket

- 4-6 ounce frisk mozzarellaost, skåret i skiver

- Cirka 12 blade thailandsk eller vietnamesisk basilikum (eller almindelig basilikum)

- Omkring 3 ounce Gorgonzola ost, skåret eller smuldret

- 2-3 spsk friskrevet parmesan eller anden riven ost såsom Asiago eller grana

- Ekstra jomfru olivenolie til drypning

Vejbeskrivelse

a) Forvarm slagtekyllingen.
b) Læg piadinen ud på 1 eller 2 bageplader og fordel dem med en smule af tomatpuréen, læg derefter en lille mængde af tomaten i lag, og drys med hvidløg. Top med mozzarella, basilikum og gorgonzola, drys med parmesan, og dryp derefter med olivenolie.
c) Steg, arbejd om nødvendigt i portioner, indtil osten smelter, og sandwichene er sydende varme. Server med det samme.

52. Quesadillas på græskartortillas

SERVERER4

Ingredienser:

- 2 store milde grønne chili såsom Anaheim eller poblano, eller 2 grønne peberfrugter
- 1 løg, hakket
- 2 fed hvidløg, hakket
- 1 spsk ekstra jomfru olivenolie
- 1-pund magert hakkebøf
- $1/8$–$\frac{1}{4}$ teskefuld stødt kanel, eller efter smag
- $\frac{1}{4}$ tsk stødt spidskommen Knip stødt nelliker eller allehånde
- $1/3$ kop tør sherry eller tør rødvin
- $\frac{1}{4}$ kop rosiner
- 2 spsk tomatpure
- 2 spsk sukker
- Et par shakes rødvin eller sherryeddike
- Salt
- Sort peber

- Et par shakes af cayenne, eller Tabasco, hvis du bruger peberfrugt i stedet for chili
- ¼ kop grofthakkede mandler
- 2-3 spsk grofthakket frisk koriander, plus ekstra til pynt
- 8 græskar tortillas
- 6-8 ounce mild ost som Jack, manchego eller Mezzo Secco
- Olivenolie til pensling af tortillas
- Cirka 2 spsk creme fraiche til pynt

Vejbeskrivelse

a) Rist chili eller peberfrugt over åben ild, indtil de er forkullede let og jævnt over det hele. Læg i en plastikpose eller skål, og dæk til. Stil til side i mindst 30 minutter, da dampen hjælper med at skille skindet fra kødet.

b) Forbered picadilloen: Svits løg og hvidløg i olivenolien ved middel varme, indtil det er blødt, tilsæt derefter oksekødet og steg det sammen, rør og bryd kødet op, mens du tilbereder. Når kødet er brunet i pletter, drys med kanel, spidskommen og nelliker og fortsæt med at koge og røre.

c) Tilsæt sherry, rosiner, tomatpure, sukker og eddike. Kog sammen i ca. 15 minutter, mens du rører en gang imellem; hvis det virker tørt, tilsæt lidt vand eller mere sherry. Smag til med salt, peber og cayennepeber, og smag til med sukker og eddike. Tilsæt mandler og koriander og stil til side.

d) Fjern skind, stilke og frø fra peberfrugterne, og skær derefter peberfrugterne i strimler.

e) Læg 4 af tortillaerne ud og fordel med picadilloen. Tilsæt de ristede peberstrimler, derefter et lag af osten, og top hver med en anden tortilla. Tryk godt ned for at holde dem sammen.

f) Opvarm en tung nonstick-gryde over medium-høj varme. Pensl ydersiden af quesadillaerne let med olivenolie, og kom dem i gryden, arbejde i omgange.

g) Sænk varmen til medium-lav, brun på den ene side, og vend derefter forsigtigt ved hjælp af spatelen med vejledning fra din hånd, hvis det er nødvendigt. Steg på den anden side, indtil den er gylden i pletter og osten er smeltet.

h) Server straks, skåret i tern, pyntet med en klat creme fraiche og koriander.

53.   Pepperoni, Provolone & Pecorino Pita!

SERVERER4

Ingredienser:

- 4 pitaer
- ½ kop ristet, skrællet og skåret rød og/eller gul peberfrugt
- 2 fed hvidløg, hakket
- 4 ounce pepperoni, skåret i tynde skiver
- 4 ounce provolone ost, skåret i tern
- 2 spsk friskrevet pecorino ost
- 4 italienske eller græske syltede peberfrugter såsom pepperoncini, skåret i tynde skiver
- Olivenolie til pensling af pita

Vejbeskrivelse

a) Skær 1 side af hver pita og åbn dem for at danne lommer.
b) Læg peberfrugter, hvidløg, pepperoni, provolone, pecorino og peberfrugt i hver pita og tryk for at lukke. Pensl ydersiden let med olivenolie.
c) Opvarm en tung nonstick-gryde over medium-høj varme eller brug en sandwichmaskine eller paninipresse. Læg sandwichene i gryden.
d) Reducer varmen til lav og vægtsandwich ned, tryk mens du bruner dem. Kog kun indtil osten smelter; du vil ikke have ostene brune og sprøde, blot for at holde alt fyldet sammen.
e) Server med det samme.

54. Grillet fåreost Quesadillas

SERVERER4

Ingredienser:

- 8 store mel tortillas
- 1 spsk hakket frisk estragon
- 2 store modne tomater, skåret i tynde skiver
- 8–10 ounce let tør fåreost
- Olivenolie, til pensling af tortillas

Vejbeskrivelse

a) Læg tortillas ud på en arbejdsflade, drys med estragon, og lag med tomater. Top med osten og dæk hver med en anden tortilla.
b) Pensl hver sandwich med olivenolie, og opvarm en tung nonstick-gryde eller flad grill over medium varme. Arbejd 1 ad gangen, kog quesadillaen på 1 side; når den er plettet let med gyldenbrun og osten smelter, vend den om og steg den anden side, tryk mens den koges for at flade den.
c) Server straks, skåret i tern.

55. Grillet cheddar, chutney og pølse

SERVERER4

Ingredienser:

- 1-2 krydrede pølser, skåret i skiver
- 4 fuldkornspitaer, lommerne åbnede op
- 3-4 spsk sød og krydret mango chutney
- 2 spsk hakket frisk koriander
- 6—8 ounce moden cheddarost, groft strimlet
- 1 spsk olivenolie til pensling af brød
- 3 spsk afskallede ristede solsikkekerner

Vejbeskrivelse

a) Brun de snittede pølser i en stegepande ved middel varme. Stil dem til side til afdrypning på køkkenrulle.

b) Anret pitaerne på en arbejdsflade. Smør 1 halvdel af indersiden med chutneyen, tilsæt derefter pølsen, koriander og til sidst osten. Tryk let for at lukke, og pensl ydersiden med olivenolie.

c) Opvarm en tung nonstick-gryde over medium-høj varme eller brug en panini-presse. Tilsæt de fyldte pitaer og tryk let; reducere varmen til medium eller endda medium-lav. Kog på 1 side, indtil let gylden i pletter og osten smelter; vend og brun let på den anden side. Når osten er smeltet, tages den af gryden.

d) Server med det samme, drysset med solsikkekerner, og byd på ekstra chutney ved siden af til dupning.

56. Prosciutto & Taleggio med figner på Mesclun

SERVERER 4

Ingredienser:

- 8 meget tynde skiver surdejsbrød eller baguette

- 3 spsk ekstra jomfru olivenolie, delt

- 3-4 ounce prosciutto, skåret i 8 skiver

- 8 ounces moden Taleggio ost, skåret i otte $\frac{1}{4}$-tommer tykke stykker

- 4 store håndfulde salat forårsmix (mesclun)

- 2 spsk hakket frisk purløg

- 2 spsk hakket frisk kørvel

- 1 spsk frisk citronsaft Salt

- Sort peber

- 6 modne sorte figner i kvarte

- 1-2 tsk balsamicoeddike

Vejbeskrivelse

a) Pensl brødet let med en lille smule olivenolie og læg det på en bageplade. 2 Forvarm ovnen til 400°F. Sæt brødet på den højeste rist og bag dem i cirka 5 minutter, eller indtil de lige er begyndt at blive sprøde. Fjern og lad afkøle, cirka 10 minutter.

b) Når de er afkølet, pakker du prosciutto-skiverne rundt om Taleggio-skiverne og sæt hver af dem ovenpå et stykke brød. Sæt et øjeblik til side, mens du forbereder salaten.

c) Bland det grønne med ca. 1 spsk olivenolie, purløg og kørvel, og vend derefter med citronsaft, salt og peber efter smag. Anret på 4 tallerkener og pynt med figenkvartererne.

d) Pensl toppen af de prosciutto-indpakkede pakker med den resterende olivenolie, læg dem derefter i en stor ovnfast gryde og bag i 5 til 7 minutter, eller indtil osten begynder at sive, og prosciuttoen er sprød rundt om kanterne.

e) Fjern hurtigt pakkerne og anret dem på hver salat, og ryst derefter balsamicoeddiken i den varme pande. Rør rundt, så det varmer, og hæld det derefter over salaterne og toastene. Server med det samme.

57. Fontinamed Rucola, Mizuna & Pærer

SERVERER 4

Ingredienser:

- 8 skiver surdejsbrød Ca. 6 ounce bresaola, skåret i tynde skiver

- 6-8 ounce nøddeagtig, smagfuld, smeltende ost, såsom fontina, Jarlsberg eller Emmentaler

- Cirka 4 kopper blandet baby rucola og mizuna eller andre møre grøntsager såsom forårsblanding

- 2 modne men faste pærer, skåret i tynde skiver eller i julien, smidt lidt citronsaft i for at forhindre dem i at brune

- 1 skalotteløg, hakket

- 1 spsk balsamicoeddike

- 2 spiseskefulde ekstra jomfru olivenolie, plus mere til at børste salt

- Sort peber

Vejbeskrivelse

a) Arranger 4 stykker af brødet på en arbejdsflade og læg bresaolaen på den ene side, top derefter med osten, og afslut med at toppe med de andre skiver surdej. Tryk let men fast sammen for at forsegle.
b) Bland imens det grønne i en skål med de snittede pærer. Sæt til side.
c) I en lille skål blandes skalotteløg med balsamicoeddike og 2 spsk olivenolie, og smag til med salt og peber. Sæt til side.
d) Pensl sandwichene med en lille mængde af olivenolien. Opvarm en sandwichpresse eller tung nonstick-gryde over medium-høj varme, og læg derefter sandwichene i gryden. Du skal sandsynligvis gøre dette i 2 batches. Væg sandwichene. Kog til brødet er sprødt og gyldent, vend derefter og gentag på den anden side, indtil osten er smeltet.
e) Lige før sandwichene er klar, slyng salaten med dressingen. Fordel salaten på 4 tallerkener. Når sandwichene er klar, tages de af panden, skæres i kvarte og lægges 4 på hver tallerken salat.
f) Server med det samme.

58. Chèvre sandwichi salat

SERVERER4

Ingredienser:

- Omkring ½ 2 baguette, skåret i 12 diagonale skiver omkring ½ tomme tykke

- 2 spsk ekstra jomfru olivenolie, eller efter behov

- 3 ounce gedeost med en svær, såsom Lezay, skåret ¼- til ½ tomme tykke

- Generøst knivspids tørrede eller friske timianblade

- Sort peber

- 1 spsk rødvinseddike, delt

- Omkring 6 kopper blandet grønt, såsom forårsmix, inklusive en smule ung frisée og rucola

- 2 spsk hakket frisk persille, purløg, kørvel eller en kombination

- 1 spsk valnøddeolie

- ¼ kop valnøddestykker

Vejbeskrivelse

a) Forvarm slagtekyllingen.
b) Pensl baguetteskiverne med lidt af olivenolien, sæt dem derefter på en bageplade og steg dem i cirka 5 minutter, eller indtil de er gyldne på kun den ene side. Fjern fra slagtekyllingen.
c) Vend det ristede brød og læg en skive eller 2 af gedeosten på de uristede sider. Mængden du bruger per sandwich vil afhænge af hvor store dine baguetteskiver er. Dryp toppen med en lille smule olivenolie, drys timian og sort peber på, og ryst derefter et par dråber af eddike over ostene.
d) Vend imens salaten med de hakkede krydderurter og dress med valnøddeolien og den resterende olivenolie og eddike, og drys med valnøddestykkerne. Anret på 4 store tallerkener eller i lave suppeskåle.
e) Placer toasterne med gedeost under grillen og steg dem i cirka 5 minutter, eller indtil osten er blødgjort, og toppen lige begynder at boble nogle steder, og farven på osten er gyldenbrun.
f) Læg straks 3 varme gedeostsandwich ovenpå den dressede salat på hver tallerken, og server med det samme.

59. Syrede Halloumi-sandwicher med Lime

SERVERER4

Ingredienser:

- 1 hovedsmør eller Boston Bibb-salat, trimmet og adskilt i blade

- 1 mildt hvidt løg, pillet og skåret i tynde skiver på kryds og tværs

- 4 spsk ekstra jomfru olivenolie, delt

- 1 tsk hvidvinseddike

- 3 store modne tomater, skåret i tern

- Salt

- Sort peber

- ½ baguette, skåret i 12 diagonale skiver omkring ½ tomme tykke

- 12 ounce halloumi, skåret omkring ½ tomme tykke

- 2 limefrugter, skåret i tern (eller ca. 2 spsk frisk limesaft) En knivspids tørret oregano

Vejbeskrivelse

a) Forvarm slagtekyllingen.
b) I en stor skål, smid salat og løg sammen, og pynt derefter med ca. 2 spsk olivenolie og eddike. Fordel mellem 4 plader, og pynt derefter hver med tomatbåde; drys salater med salt og peber og stil til side.
c) Pensl baguetteskiverne med lidt af olivenolien, læg dem på en bageplade og steg dem let på begge sider. Sæt til side.
d) Anret halloumien på en bageplade og pensl med lidt olivenolie. Steg på 1 side, indtil den er brunet i pletter, og fjern derefter. Vend hver skive ost og læg oven på en toast, pensl derefter med olivenolie igen og vend tilbage til slagtekyllingen. Steg indtil det er varmt og let brunet i pletter.
e) Læg 3 varme halloumi-toasts på hver salat, pres limesaft over halloumien, og lad en lille smule dryppe på salaterne. Drys med oregano og server.

60. TrøfletRistet brød&Rucola salat

SERVERER 4

Ingredienser:

- 4 ret tykke skiver pain au levain, hver skive i kvarte

- Omkring 2 tsk trøffelolie, eller efter smag (smagene af forskellige trøffelolier har tendens til at variere meget)

- 2 modne St. Marcellin oste (ca. 2 ½ ounce hver)

- En knivspids salt

- Cirka 8 ounce unge rucolablade (ca. 4 kopper løst pakket)

- 2 spsk ekstra jomfru olivenolie Et par shakes sherryeddike

Vejbeskrivelse

a) Forvarm ovnen til 400°F.
b) Læg stykkerne af pain au levain på en bageplade og rist dem let i ovnen på begge sider. Tag ud af ovnen og drys hver med en smule af trøffelolien, og læg derefter ca. 1 spsk af St. Marcellin-osten oven på hver toast.
c) Drys osten let med en knivspids salt. Tilbage til ovnen et par øjeblikke.
d) Arranger imens rucolaen på 4 plader. Ryst en smule olivenolie, en smule trøffelolie og et par dråber hist og her sherryeddike over hver tallerken. Kast ikke, lad blot dråberne ligge på pladerne.
e) Fjern ostetoastene fra ovnen efter kun 30 til 45 sekunder. Du ønsker ikke, at osten skal smelte helt eller syde og blive fedtet; du ønsker, at den simpelthen bliver en smule varm og cremet.
f) Læg 4 varme toasts på hver salattallerken og server med det samme.

61. Toast med jordbær & flødeost

SERVERER 4

Ingredienser:

- 8 mellemtykke skiver blødt, sødt hvidt brød, såsom challah eller brioche

- 8-12 spiseskefulde (ca. 8 ounce) flødeost (lavt fedtindhold er fint)

- Cirka ½ kop jordbærkonserves

- 1 kop (ca. 10 ounce) skivede jordbær

- 2 store æg, let pisket

- 1 æggeblomme

- Cirka ½ kop mælk (fedtfattigt er fint)

- En skvæt vaniljeekstrakt

- Sukker

- 2–4 spsk usaltet smør

- ½ tsk frisk citronsaft

- ½ kop creme fraiche

- Flere kviste frisk mynte, skåret i tynde skiver

Vejbeskrivelse

a) Smør 4 skiver af brødet tykt med flødeosten, spids en smule til siderne, så flødeosten ikke siver ud i tilberedningen, fordel derefter de øvrige 4 skiver brød med konserves.
b) Drys et let lag jordbær over toppen af flødeosten.
c) Top hvert stykke ostebrød med et konservessmurt stykke brød. Tryk forsigtigt, men fast for at forsegle.
d) I en lav skål kombineres æg, æggeblomme, mælk, vaniljeekstrakt og ca. 1 spsk sukker.
e) Opvarm en tung nonstick-gryde over medium-høj varme. Tilsæt smørret. Dyp hver sandwich, 1 ad gangen, i skålen med mælk og æg. Lad det trække i et øjeblik eller 2, vend derefter og gentag.
f) Læg sandwichene i den varme pande med det smeltede smør, og lad dem stege til en gylden brun farve. Vend og brun den anden side let.
g) Kombiner i mellemtiden de resterende jordbær med sukker efter smag og citronsaft.

h) Server hver sandwich, så snart den er færdig, pyntet med en skefuld eller 2 af jordbærene og en klat creme fraiche.
i) Drys dem også med lidt af mynten.

62. BrødbuddingSandwicher

SERVERER4

Ingredienser:

- ¾ kop pakket lys brun farin

- ¼ kop sukker, delt

- 5—6 nelliker

- $1/8$ tsk stødt kanel, plus ekstra til omrystning på toppen

- 1 stort syrligt æble såsom Granny Smith, skrællet og skåret i tynde skiver

- ¼ kop rosiner

- ½ tsk vaniljeekstrakt

- 8 tykke (¾- til 1-tommer) skiver franskbrød, helst uaktuelle

- 6-8 ounce mild smeltbar ost såsom Jack, eller en meget mild hvid Cheddar, skåret i skiver

- ½ kop blancherede mandler eller pinjekerner i skiver

- Cirka 3 spsk smør

- 1 spsk olivenolie

Vejbeskrivelse

a) **jeg**i en tykbundet gryde, kom brun farin sammen med 2 spsk sukker, nelliker og kanel. Tilsæt 2 kopper vand og rør for at blande godt.

b) Sæt over en medium-høj varme og bring i kog, og reducer derefter varmen til medium-lav, indtil væsken danner en let boblende simre. Kog i 15 minutter, eller indtil det danner en sirup. Tilsæt æbleskiver og rosiner, og kog derefter yderligere 5 minutter. Tag af varmen og tilsæt vanilje.

c) **EN**læg brødskiverne på en arbejdsflade. Hæld varm sirup over hvert stykke brød, flere spiseskefulde pr. stykke. Vend forsigtigt hvert stykke og hæld varm sirup over den anden side. Lad stå i cirka 30 minutter.

d) Kom lidt mere sirup på brødet, igen cirka en spiseskefuld pr. skive brød. Brødet bliver ret blødt og risikerer at falde fra hinanden, da det absorberer den søde sirup, så pas på når du håndterer det. Efterlad yderligere 15 minutter eller deromkring.

e) Læg en skive ost oven på 4 skiver af det udblødte brød. Top hver med cirka $\frac{1}{4}$ af æblerne, rosiner og et drys mandler (behold nogle til sidst). Top med de resterende skiver brød til 4 sandwich. Tryk sammen.

f) Opvarm en tung nonstick-gryde over medium-høj varme, og tilsæt derefter cirka 1 spsk smør og olivenolie. Når smør skummer og bruner, tilsæt sandwichene. Reducer varmen til medium og kog, tryk forsigtigt med spatelen. Juster varmen, efterhånden som sandwichene bruner, sænk den efter behov for at holde sukkeret i siruppen brunende, men ikke brændende.

g) Vend sandwichene flere gange, tilsæt mere smør på panden, og pas på, at sandwichene ikke falder fra hinanden, når du vender dem. Tryk af og til, indtil ydersiden af sandwichene er brune og sprøde, og osten er smeltet.

h) Et minut eller 2 før de når denne tilstand, smid de resterende mandler i gryden og lad dem riste let og brune. Drys sandwichene og mandlerne med de resterende 2 spsk sukker.

i) Server straks, hver sandwich drysset med de ristede mandler.

63. Korn & ost burger

Udbytte: 4 portioner

Ingredienser:
- 1½ kop champignon, hakkede
- ½ kop grønne løg, hakket
- 1 spsk Margarine
- ½ kop Havregryn, almindelig
- ½ kop brune ris, kogte
- ⅔ kop revet ost, mozzarella
- Eller cheddar
- 3 spsk valnødder, hakket
- 3 spsk Hytte- eller ricottaost
- Fedtfattig
- 2 store æg
- 2 spsk persille, hakket
- Salt peber

Vejbeskrivelse

a) I en 10 til 12-tommer nonstick stegepande over medium varme, kog svampe og grønne løg i margarine, indtil grøntsagerne er bløde, cirka 6 minutter. Tilsæt havre og rør i 2 minutter.

b) Fjern fra varmen, lad afkøle lidt, og rør derefter kogte ris, ost, valnødder, hytteost, æg og persille i. Tilsæt salt og peber efter smag. Form på en olieret 12X15 tommer bageplade til 4 bøffer, hver ½ tomme tyk.

c) Steg 3 inches fra varmen, vend én gang, 6 til 7 minutter i alt. Server på brød med mayo, løgringe og salat.

64. Sort angus burger med cheddar ost

Udbytte: 1 portioner

Ingredienser:

- 2 pund hakket Angus oksekød
- 3 grillede poblano peberfrugter, frøet og; skæres i tredjedele
- 6 skiver gul cheddarost
- 6 hamburgerruller
- Baby rød ege salat
- Syltede rødløg
- Poblano Pepper Vinaigrette
- Salt og friskkværnet sort peber

Vejbeskrivelse

a) Forbered en træ- eller kulild og lad den brænde ned til gløder.

b) I en stor røreskål smages angus oksekød til med salt og peber. Stil på køl indtil klar til brug. Når du er klar til brug, form til 1-tommer tykke skiver.

c) Grill i fem minutter på hver side for medium rare. Top med cheddarost i løbet af de sidste fem minutter. Når du er færdig med at grille, lægges burgeren på den ene halvdel af rullen og toppes med babyrød eg, poblano peberfrugt, vinaigrette og syltede rødløg. Server straks.

65.   Grillet amerikansk ost og tomat sandwich

Udbytte: 4 portioner

Ingredienser:

- 8 skiver hvidt brød
- Smør
- Tilberedt sennep
- 8 skiver amerikansk ost
- 8 skiver tomat

Vejbeskrivelse

a) Til hver sandwich smøres 2 skiver hvidt brød. Smør de smurte sider med tilberedt sennep og læg 2 skiver amerikansk ost og to skiver tomat mellem brødet med de smørsmurte sider ud.

b) Brun i en stegepande på begge sider eller grill indtil osten smelter.

66. Grillet æble og ost

Udbytte: 2 portioner

Ingredienser:

- 1 lille rødt lækkert æble
- ½ kop 1% fedtfattig hytteost
- 3 spsk finthakket lilla løg
- 2 engelske surdejsmuffins, flækkede og ristede
- ¼ kop smuldret blåskimmelost

Vejbeskrivelse

a) Udkern æblet, og skær det på kryds og tværs i 4 (¼-tommer) ringe; sæt til side.

b) Kom hytteost og løg i en lille skål, og rør godt. Fordel ca. 2-½ spsk hytteostblanding på hver muffinhalvdel.

c) Top hver muffinhalvdel med 1 æblering; drys smuldret blåskimmelost jævnt over æbleringe. Læg på en bageplade.

d) Steg 3 tommer fra varme i 1-½ minut, eller indtil blåskimmelost smelter.

67. Grillede aubergine- og ostepakker

Udbytte: 1 portioner

Ingredienser:

- 250 gram babyauberginer; skåret i skiver
- 4 spsk olivenolie
- 250 gram Hård gedeost
- Revet skal og saft af 1 citron
- 1 20 gram frisk flad bladpersille; fint hakket
- 1 15 gram basilikumblade; revet i stykker
- Salt og friskkværnet sort peber

Vejbeskrivelse

a) Forvarm grillen til moderat varme.

b) Læg aubergineskiver på en grillpande og pensl let med 1-2 spsk af olien. Steg i 2-3 minutter på hver side eller indtil de er gyldenbrune og bløde. Lad køle af.

c) I en skål kombineres osten i tern med citronskal og -saft og lidt af den flade bladpersille og basilikum.

d) Læg et stykke ost på en aubergineskive. Rul sammen og fastgør med en cocktailpind. Gentag denne proces, indtil alle ingredienserne er brugt.

e) Læg rullerne i en serveringsskål, dryp den resterende olie over og drys med de resterende krydderurter og krydr.

68. Grillet blå ostesandwich med valnødder

Udbytte: 1 portioner

Ingredienser:

- 1 kop smuldret blåskimmelost; (ca. 8 ounce)
- ½ kop finthakkede ristede valnødder
- 16 skiver Fuldkornsbrød; trimmet ind
- ; skorpefri 3-tommer
- ; firkanter
- 16 små Brøndkarse kviste
- 6 spiseskefulde Smør; (3/4 pind)

Vejbeskrivelse

a) Fordel ost og valnødder ligeligt mellem 8 brødfirkanter. Top hver med 2 brøndkarsekviste.

b) Drys med peber og top med de resterende brødfirkanter, hvilket gør 8 sandwiches i alt. Tryk forsigtigt sammen for at klæbe. (Kan laves 4 timer frem. Dæk til og afkøl.)

c) Smelt 3 spsk smør i en stor nonstick bageplade eller stegepande over medium varme. Steg 4 sandwiches på bageplade, indtil de er gyldenbrune og osten smelter, cirka 3 minutter på hver side.

d) Overfør til skærebrættet. Gentag med de resterende 3 spsk smør og 4 sandwich.

e) Skær sandwich diagonalt i halve. Overfør til tallerkener og server.

69. Grillet cheddarost og skinkesandwich

Udbytte: 1 portioner

Ingredienser:

- ¼ kop (1/2 stok) smør; stuetemperatur
- 1 spsk dijonsennep
- 2 tsk hakket frisk timian
- 2 tsk hakket frisk persille
- 8 6x4-tommer skiver landlig brød; (ca. 1/2 tomme tyk)
- ½ pund cheddarost; tynde skiver
- ¼ pund Røget skinke i tynde skiver
- ½ lille rødløg; tynde skiver
- 1 stor tomat; tynde skiver

Vejbeskrivelse

a) Bland de første 4 ingredienser i skålen. Smag til med salt og peber. Arranger 4 brødskiver på arbejdsfladen.

b) Fordel halvdelen af osten ligeligt mellem brødskiverne. Top med skinke, derefter løg, tomat og den resterende ost. Top sandwich med resterende brød. Smør urtesmør på ydersiden af sandwich toppe og bunde.

c) Varm en stor nonstick-gryde op over medium varme. Tilsæt sandwich og kog indtil bundene er gyldne, cirka 3 minutter. Vend sandwich, dæk panden og kog indtil osten smelter og brødet er gyldent, cirka 3 minutter.

70.   Fest Grillet ost og bacon

Udbytte: 100 portioner

Ingredienser:

- 12 pund bacon; skåret i skiver
- 5 3/16 pund ost
- 2 pund smør print sikker
- 200 skiver brød

Vejbeskrivelse

a) Steg bacon

b) Læg 1 skive ost og 2 skiver bacon på hver sandwich.

c) Pensl let top og bund af sandwich med smør eller margarine.

d) Grill indtil sandwich er let brunet på hver side og ost er smeltet.

71. Grillet ost bruschetta

Udbytte: 4 portioner

Ingredienser:

- 8 (1/2-tommer) tykke skiver landbrød
- ¼ kop olivenolie blandet med 4 fed knust hvidløg
- 1 kop Monterey Jack ost, fint revet
- 8 ounces blød gedeost
- 2 spsk groftkværnet sort peber
- 2 spsk finthakket oregano

Vejbeskrivelse

a) Forvarm grillen. Pensl hver skive brød med hvidløgsolien. Grill med oliesiden nedad, indtil den er let gyldenbrun.

b) Vend hver skive og top med 2 spsk Monterey Jack, 1-ounce gedeost, sort peber og oregano.

c) Grill indtil osten lige begynder at smelte.

72. Grillede osteslugere

Udbytte: 4 portioner

Ingredienser:

- 8 skiver Surdej eller flerkorn
- Brød
- ½ kop tranebærsauce
- 6 ounce kalkun, kogt og skåret i skiver
- 4 ounce cheddarost, mild eller
- Skarpe, tynde skiver
- Smør

Vejbeskrivelse

a) Smør 4 skiver brød med tranebærsauce: top med kalkun, ost og de resterende brødskiver.

b) Smør let udenpå sandwich med smør; steg i en stor stegepande ved middel-lav varme, indtil de er brune på begge sider.

73. Grillet ost i fransk toast

Udbytte: 4 portioner

Ingredienser:

- 2 æg - pisket
- ¼ kop mælk
- ¼ kop tør sherry
- ¼ teskefulde Worcestershire sauce
- 8 skiver hvidt brød eller fuldkornsbrød
- 4 skiver cheddarost

Vejbeskrivelse

a) I en lav skål kombineres æg, mælk, sherry og Worcestershire.

b) Saml 4 ostesandwich, dyp derefter hver i æggeblandingen og grill langsomt i smør, vend én gang for at få begge sider gyldenbrune.

74. Grillet ostebrød

Udbytte: 10 portioner

Ingredienser:

- 1 pakke (3 oz.) flødeost; blødgjort
- 2 spsk Smør eller margarine; blødgjort
- 1 kop revet mozzarellaost
- ¼ kop hakkede grønne løg med toppe
- ½ tsk hvidløgssalt
- 1 brød franskbrød; skåret i skiver

Vejbeskrivelse

a) Pisk flødeost og smør i en røreskål. Tilsæt ost, løg og hvidløgssalt; bland godt. Fordel på begge sider af hver skive brød. Pak brød ind i et stort stykke kraftig folie; forsegle tæt.

b) Grill, tildækket, over medium kul i 8-10 minutter, vend én gang. Pak folie ud; grill 5 minutter længere.

75. Grillet ost sandwich tærte

Udbytte: 4 portioner

Ingredienser:

- 1 æg
- 1 kop mælk
- ¾ kop mel
- 2½ kop Meunster ost - revet
- ½ tsk salt
- 2 kopper skinke, smuldret bacon --
- i tern
- ⅛ teskefuld peber
- Champignon
- 1 tsk oregano
- Peberfrugt

Vejbeskrivelse

a) I en lille røreskål kombineres æg, mel, salt, peber og halvdelen af mælken.

b) Brug en roterende piskeris, pisk indtil glat. Tilsæt den resterende mælk og pisk indtil det er godt blandet. Rør $\frac{1}{2}$ af osten og skinken eller baconen i, og hæld den i en godt smurt 8-tommers tærteform eller 2-liters bradepande.

c) Bages ved 425F i 30 minutter. Drys den resterende ost over toppen og bag lige indtil osten er smeltet (2 minutter)

76. Grillet ost med artiskokker

Udbytte: 4 portioner

Ingredienser:

- 2 tsk dijonsennep
- 8 ounces sandwichruller, (4 ruller) delt og ristet
- ¾ ounce ikke-fedte amerikanske osteskiver, (8 skiver)
- 1 kop Drænede artiskokhjerter på dåse i skiver
- 1 tomat, skåret 1/4" tykke
- 2 spsk Oliefri italiensk dressing

Vejbeskrivelse

a) Fordel ½ tsk sennep på den øverste halvdel af hver rulle; sæt til side.

b) Læg de nederste halvdele af rullerne på en bageplade. Top hver med 2 osteskiver, ¼ kop snittet artiskok og 2 tomatskiver; dryp hver med 1-½ tsk dressing. Steg 2 minutter eller indtil osten smelter. Dæk med toppe af ruller. Udbytte: 4 portioner.

77. Grillet ost med olivada

Udbytte: 1 portioner

Ingredienser:

- 2 skiver hvidt brød eller æggebrød; (Challah)
- Lille mængde mayonnaise
- schweizerost
- Tynde skiver moden tomat
- Salt og peber

Vejbeskrivelse

a) Smør hver skive brød med olivada og en lille smule mayonnaise.

b) Læg en skive ost eller to imellem brødet, med eller uden en skive tomat.

c) Sauter eller grill sandwich på hver side, indtil osten er smeltet.

78. Grillet ost med røget kalkun og avocado

Udbytte: 1 portioner

Ingredienser:

- 3 ounce sødmælksmozzarella
- ½ Fast moden californisk avocado
- 2 spiseskefulde usaltet smør; blødgjort
- 4 skiver Fast pumpernikkel
- 1 spsk dijonsennep
- 6 ounce Tyndskåret røget kalkun
- Kan tilberedes på 45 minutter eller mindre.

Vejbeskrivelse

a) Fordel smør på den ene side af hver brødskive og vend skiverne.

b) Smør sennep på brødskiver og top 2 skiver med mozzarella, avocado og kalkun.

c) Krydr kalkunen med salt og peber, og top med de resterende 2 brødskiver med de smørsmurte sider opad.

d) Opvarm en kraftig stegepande over moderat varme, indtil den er varm, men ikke rygende, og kog sandwich, indtil brødet er sprødt og osten er smeltet, cirka $1\frac{1}{2}$ minut på hver side.

e) Server sandwich med agurkesalat.

79. Grillet kylling på gedeosttoast

Udbytte: 1 portioner

Ingredienser:

- 125 gram gedeost
- 1 fed hvidløg; knust
- en halv citron; gejst af
- 50 gram sorte oliven; udstenet og hakket
- 1 kyllingebryst
- Olivenolie
- 1 skive landbrød
- Et par flade persilleblade
- 1 lille skalotteløg; skåret i skiver

Vejbeskrivelse

a) Bland de første fire ingredienser og stil til side.

b) Krydr kyllingen, pensl den med olivenolie og grill den i 6-8 minutter på hver side eller til den er gennemstegt.

c) Grill brødet og fordel derefter på osteblandingen. Skær kyllingen i skiver og anret ovenpå.

d) Vend til sidst persille og skalotteløg i lidt olivenolie, og anret ovenpå.

80. Grillet ost-chipotle sandwich

Udbytte: 2 portioner

Ingredienser:

- 4 skiver hvidt eller hvedebrød
- 2 teskefulde pureret chipotle chili
- 5 ounce ost - revet eller tyndt
- 1 moden tomat - skåret i skiver
- Rødløg i tynde skiver
- Korianderblade -- groft
- Hakket
- Blødt smør

Vejbeskrivelse

a) Smør HVERT BRØDSTYKKE med et tyndt lag af pureret chili, eller mere, hvis du kan lide din sandwich rigtig varm.

b) Dæk den nederste skive med et lag ost, tomat og løgskiver og så meget koriander, som du vil. Top med anden skive brød og smør det.

c) Læg sandwich med smørsiden nedad i en støbejernsgryde. Smør også det øverste stykke brød med smør og kog langsomt sandwich.

d) Når den er gyldenbrun i bunden, vend den og steg den på den anden side. Dækpande hjælper med at smelte ost, når brødet er sprødt og gyldent.

e) Spis med det samme.

83. Grillet dobbelt ost fylder kyllingebryst

Udbytte: 4 portioner

Ingredienser:

- 3 ounce flødeost, blødgjort
- ½ kop smuldret blåskimmelost
- ¼ kop hakkede valnødder
- 3 spsk purløg, delt
- ¾ tsk peber, delt
- 8 Udbenet, skindfri kyllingebryst
- ½ kop smør
- 1 fed hvidløg, stort, hakket

Vejbeskrivelse

a) Kombiner oste, valnødder, 1 spsk purløg og ¼ tsk peber; sæt til side. Pund kyllingebryst til ens tykkelse, cirka ¼ tomme.

b) Fordel omkring 1 spsk osteblanding i midten af 4 kyllingebrysthalvdele, efterlad en ½-tommers kant på alle sider; reserver den resterende osteblanding.

c) Top med de resterende brysthalvdele.

d) Forsegl kanterne sikkert ved at banke med kødpudder. Kom smør, hvidløg, de resterende 2 spsk purløg og ½ tsk peber i en lille gryde. Varm over medium-lav indtil smør smelter. Fjern fra varmen. Pensl kyllingen rigeligt med smørblanding.

e) Placer kylling på grill over mellemstore kul; grill uden låg i 12 til 16 minutter, vend én gang eller indtil kyllingen er gennemstegt og saften er klar.

f) Ved slutningen af tilberedningstiden placeres en klat af den resterende osteblanding på hver portion. Server straks.

84. Grillet oksefilet med blåskimmelost

Udbytte: 4 portioner

Ingredienser:

- 3 til 4 ounce blå ost, smuldret
- 6 æggeblommer
- 1 tsk Emeril's Worcestershire
- Sovs
- Saft af 1 citron
- Salt og revnet sort
- Peber
- $\frac{1}{2}$ kop tung fløde
- 6 (8 ounce) oksefileter
- 2 spsk olivenolie
- Essens
- $1\frac{1}{2}$ pund Nye kartofler i kvarte
- 1 stavsmør (8 spsk)
- Terninger
- Salt, efter smag
- $\frac{1}{2}$ kop tung creme

- 1 pund sprød bacon, hakket
- ½ kop creme fraiche
- 3 kopper Emerils hjemmelavede
- Worcestershire sauce
- Følger
- 2 spsk hakkede grønne løg

Vejbeskrivelse

a) I en foodprocessor med et metalblad puréer du osten, æggeblommerne, Worcestershiresauce og saften af 1 citron sammen, indtil det er glat, cirka 2 minutter. Smag til med salt og revet peber.

b) Mens maskinen kører, tilsæt langsomt den ½ kop fløde og bland indtil fløjlsagtig og cremet.

c) Hvis osten ikke har en båndlignende konsistens, tilsæt lidt mere fløde. Krydr begge sider af fileterne med 1 spsk olivenolie, salt og knust sort peber. Opvarm den resterende olivenolie i en stor sauterpande.

d) Når olien er varm, svitses fileterne i 2 minutter på alle sider. Tag fileterne ud af panden og læg dem på en bradepande med bagepapir.

e) Hæld osten over hver filet. Sæt fileterne i ovnen og bag dem i 8 til 10 minutter til medium sjældne. Læg kartoflerne i gryden og dæk med vand. Smag vandet til med salt. Bring væsken i kog, og lad den simre.

f) Kog kartoflerne, indtil de er møre, cirka 10 minutter. Tag kartoflerne af varmen og dryp dem af. Læg kartoflerne tilbage i gryden.

g) Sæt gryden tilbage på komfuret, over medium varme, og rør kartoflerne i 1 minut, dette vil fjerne overskydende vand fra kartoflerne. Tilsæt smør og fløde. Smag til med salt og peber. Mos kartoflerne, indtil de er let glatte. Vend bacon og creme fraiche i kartoffelmosen.

h) Krydr kartoflerne efter behov. Til servering samles kartoflerne i midten af hver tallerken. Læg fileterne direkte oven på kartoflerne. Hæld eventuelt resterende sauce fra bradepanden over hver filet. Hæld Worcestershire-sauce over hver filet. Pynt med grønne løg.

85. Grillede spøgelses- og græskarostsandwicher

Udbytte: 16 portioner

Ingredienser:

- 16 skiver Hvidt eller fuldkornsbrød
- 8 skiver hvid ost såsom Jack
- 4 store udstenede sorte oliven
- 8 skiver cheddarost
- 1 dåse hakkede sorte oliven
- 4 store udstenede grønne oliven
- 12 Pimento skiver

Vejbeskrivelse

a) Tryk spøgelseskageudstikkeren i 1 brødskive. Riv og kassér overskydende brød omkring skæreren; sæt et spøgelsesformet stykke brød til side. Gentag med yderligere 7 brødskiver. Brug græskarkageudstikkeren til at skære det resterende brød i græskarformer på samme måde.

b) Rist "spøgelser" og "græskar" under slagtekyllinger, indtil de er gyldenbrune, cirka 1 minut. Vend om og gentag på den anden side.

c) Tag brødet ud af ovnen og stil det til side. Brug spøgelseskageudstikker til at skære 8 spøgelsesformer fra hvide osteskiver. Med en lille skarp kniv skæres to øjenhuller i hver hvid osteskive. Sørg for, at "øjnene" er store nok til at forblive åbne, når osten smelter. Skær sorte oliven i halve på langs.

d) Læg på spøgelsesbrødskiver, hvor spøgelsernes øjne vil gå. Læg 1 spøgelsesformet skive hvid ost på 1 spøgelsesbrødskive med øjenhuller over oliven. Gentag med resterende spøgelsesbrød og hvid ost.

e) Brug græskar-småkageudstikkeren til at skære 8 græskarformer af appelsinostskiver. Skær 2 øjenhuller og mund i hver osteskive. Dæk overfladen af græskarbrødskiverne med hakkede sorte oliven. Skær grønne oliven i halve på langs.

f) Placer en grøn oliven skive på stilken og trim, så den passer. Læg appelsinost ovenpå brød og oliven. Læg pimentoskiver i mundhulen til munden.

g) Læg alle sandwich på en bageplade og sæt dem under slagtekyllinger, indtil osten er let smeltet, 1 til 2 minutter. Giver 16 sandwich.

86. Grillet gedeost i friske vindrueblade

Udbytte: 16 portioner

Ingredienser:

- 16 store unge friske drueblade
- (eller drueblade pakket i saltlage)
- 1 pund Smuldrende gedeost såsom Montrachet
- ½ kop ekstra jomfru olivenolie; plus
- 1 spsk ekstra jomfru olivenolie
- Friskkværnet sort peber

Vejbeskrivelse

a) Læg friske vindrueblade i blød i isvand i mindst 30 minutter. Dup tør før brug. Skyl blade pakket i saltlage, hvis de bruges, og dup dem tørre.

b) Mos ost og 1 spsk olie sammen. Sæt til side. Fjern stilke fra drueblade.

c) Hæld den resterende ½ kop olie på en lav tallerken. Dyp kedelig underside af 1 blad i olie. Læg bladet med den olierede side opad på arbejdsfladen. Placer 1 spsk osteblanding i midten af bladet og krydr med generøs formaling af peber.

d) Fold siderne og de øverste og nederste ender af bladet over osten for at gøre det firkantet. Læg sømsiden nedad på en ren tallerken. Gentag med de resterende blade.

e) Grill over mellemvarme kul, med sømsiden nedad, indtil bladene ikke længere er lysegrønne og er pæne, cirka 2 minutter. Vend og grill den anden side i cirka 2 minutter. Eller steges tæt på varmekilden. Giver 16 blade.

87. Italiensk grillet ost

Udbytte: 4 portioner

Ingredienser:

- 4 skiver italiensk brød; 1 tomme tyk
- 4 skiver Mozzarella ost eller provolone ost
- 3 æg
- ½ kop mælk
- ¾ tsk italiensk krydderi
- ½ tsk hvidløgssalt
- ⅔ kop italiensk-krydret brødkrummer

Vejbeskrivelse

a) Skær en 3-tommer lomme i hver skive brød; læg en skive ost i hver lomme. Pisk æg, mælk, italiensk krydderi og hvidløgssalt i en skål; læg brød i blød i 2 minutter på hver side. Overtræk med brødkrummer.

b) Steg på en smurt varm bageplade til de er gyldenbrune på begge sider.

88. Åbent ost- og tomatsandwich

Udbytte: 3 portioner

- 3 skiver Økologisk brød i 1"-tykke omgange
- 1 tomat; skåret 1/2" tykke
- 6 skiver Hvid cheddarost; skåret i trekanter
- Salt; at smage
- Friskmalet sort peber; at smage

Vejbeskrivelse

a) Rist brødet i en brødrister. Læg cheddarost ovenpå brødrunde.

b) Rist dem i ovnen, indtil osten er smeltet.

c) Top ost med tomatskiver. Smag til med salt og peber efter smag. Tjene. Laver 3 smørrebrød med åben ansigt.

89. Surdej, tomat, rød og blå ost

Udbytte: 4 portioner

Ingredienser:

- 1 stor rød oksebøfstomat; skåret i skiver
- 1 stor gul oksekødstomat; skåret i skiver
- 1 stort rødt bermudaløg; skåret i skiver
- ¼ kop olivenolie
- 2 spsk tør oregano
- Salt; at smage
- Friskmalet sort peber; at smage
- 1 surdejssandwichbrød; skåret i skiver
- Smør; ved stuetemperatur
- 2 spsk Friske rosmarinblade; hakket
- Friskkværnet sort peber
- 1 lille bundt rucolablade; godt vasket
- 8 ounces blå ost; smuldrede

Vejbeskrivelse

a) Pensl tomater og løgskiver med olie, drys med oregano og krydr med salt og peber. Grill grøntsagerne hurtigt på begge sider, indtil de er pænt forkullede. Rist skiver af surdej i en brødrister eller under en slagtekylling.

b) Smør et let lag blødt smør på toastbrødet, drys den hakkede rosmarin på det smørsmurte brød og drys let med sort peber.

c) Lav sandwichene ved at lægge rucolablade, grillet tomat og løg på halvdelen af skiverne af ristet surdej. Reserver det ufyldte brød til toppen af sandwichene. Fordel den smuldrede blåskimmelost oven på grøntsagerne og kør hurtigt smørrebrødet under en slagtekylling.

d) Top med endnu en skive ristet brød og server.

90. Portobello Po'Boys

Gør 4 po'boys

Ingredienser:

- 3 spsk olivenolie
- 4 Portobello-svampehætter, skyllet let, tørrede og skåret i 1-tommers stykker
- 1 tsk Cajun krydderi
- Salt og friskkværnet sort peber
- ¼ kop vegansk mayonnaise
- 4 sprøde sandwichruller, halveret vandret
- 4 skiver moden tomat
- 1 1/2 dl strimlet romainesalat
- Tabasco sauce

Vejbeskrivelse

a) I en stor stegepande opvarmes olien over medium varme. Tilsæt svampene og kog indtil de er brune og bløde, cirka 8 minutter.

b) Smag til med Cajun-krydderierne og salt og peber efter smag. Sæt til side.

c) Fordel mayonnaise på de afskårne sider af hver af rullerne.

d) Læg en tomatskive i bunden af hver rulle, top med revet salat. Arranger svampestykkerne ovenpå, drys med Tabasco efter smag, top med den anden halvdel af rullen, og server.

91. Sjusket Bulgur-sandwich

Laver 4 sandwich

Ingredienser:

- 1¾ kopper vand
- 1 kop mellemmalet bulgur
- Salt
- 1 spsk olivenolie
- 1 lille rødløg, hakket
- 1/2 medium rød peberfrugt, hakket
- (14,5 ounce) dåse knuste tomater
- 1 spsk sukker
- 1 spsk gul eller krydret brun sennep
- 2 tsk sojasovs
- 1 tsk chilipulver
- Friskkværnet sort peber
- 4 sandwichruller, halveret vandret

Vejbeskrivelse

a) I en stor gryde bringes vandet i kog over høj varme. Rør bulguren i og salt let vandet. Dæk til, fjern fra varmen og stil til side, indtil bulguren er blød og vandet er absorberet, cirka 20 minutter.
b) I mellemtiden, i en stor stegepande, opvarm olien over medium varme. Tilsæt løg og peberfrugt, læg låg på og kog indtil det er blødt, cirka 7 minutter. Rør tomater, sukker, sennep, sojasauce, chilipulver og salt og sort peber i efter smag. Lad det simre i 10 minutter under jævnlig omrøring.
c) Hæld bulgurblandingen på den nederste halvdel af hver af rullerne, top den anden halvdel og server.

92. Muffaletta sandwich

Laver 4 sandwich

Ingredienser:

- 1 kop hakkede udstenede kalamata-oliven
- 1 kop hakkede pimiento-fyldte grønne oliven
- 1/2 kop hakket pepperoncini (syltet peberfrugt)
- 1/2 kop ristede røde peberfrugter i glas
- 2 spsk kapers
- 3 grønne løg, hakket
- 3 blommetomater, hakkede
- 2 spsk hakket frisk persille
- 1/2 tsk tørret merian
- 1/2 tsk tørret timian
- 1/4 kop olivenolie
- 2 spsk hvidvinseddike
- Salt og friskkværnet sort peber

- 4 sprøde sandwichruller, halveret vandret

Vejbeskrivelse

a) Kombiner kalamata-oliven, grønne oliven, pepperoncini, rød peber, kapers, grønne løg, tomater, persille, merian, timian, olie, eddike og salt og sort peber i en mellemstor skål. Sæt til side.

b) Træk noget af indersiden af sandwichrullerne ud for at gøre plads til fyldet. Hæld fyldblandingen i den nederste halvdel af rullerne, pak let. Top med de resterende rullehalvdele og server.

SERVICE

93. Tomatsuppe

Serverer 4

Ingredienser:

- 1 spsk smør
- 1 løg, hakket
- 1 fed hvidløg, hakket
- 1½ tsk mel
- 3 kopper kylling eller grøntsagsbouillon
- 14 ounce dåsetomater
- 1 laurbærblad
- Salt
- Sort peber
- 2 spsk basilikumpesto
- 1-2 spsk tung fløde
- 8—12 blade frisk basilikum, revet i små stykker

Vejbeskrivelse

a) Smelt smørret i en stor tykbundet gryde, tilsæt derefter løg og hvidløg og steg forsigtigt ved middel-lav varme, indtil de er bløde og hælder mod gyldne, men ikke brune.
b) Drys melet i og kog under omrøring i cirka 1 minut, hæld derefter bouillon i og tilsæt tomaterne med deres saft samt laurbærblad, salt og peber efter smag. Bring i kog, reducer derefter varmen til lav, dæk gryden og lad det simre forsigtigt i 15 til 20 minutter.
c) Fjern laurbærbladet og kassér det. Med en hulske, fjern suppens faste stoffer til en foodprocessor eller blender og puré, tilsæt så meget af væsken som nødvendigt for en jævn blanding. Kom puréen tilbage i gryden under omrøring for at kombinere den med den resterende væske.
d) Varm igennem, tilsæt pestoen, smag til, og server. Pynt hver skål med et skvæt fløde eller en klat crème fraîche og et drys friske basilikumblade.

94. Zucchini & sommer squashbrød

Gør omkring 4 liter glas

Ingredienser:

- Fuldstændig lækker med helt amerikanske sommerretter som grillede burgere eller tunmelts.

- 4-5 pund zucchini eller sommersquash (alle størrelser), skåret i ¼-til ½-tommer skiver eller bidder

- 6 hvide løg, skåret på langs

- 1 grøn peberfrugt, hakket

- 1 rød peberfrugt, hakket

- 5 fed hvidløg, skåret i skiver

- ½ kop groft salt

- Cirka 3 kopper groft revnet is

- 5 kopper pakket brun farin

- 3 kopper cidereddike

- 3 spsk sennepsfrø

- 1 spsk gurkemeje

- 1 spsk selleri frø

Vejbeskrivelse

a) Kombiner zucchini, løg, peberfrugt og hvidløg i en stor, ikke-reaktiv skål eller gryde med salt og is. Rør godt rundt og lad det stå i 3 timer. Hæld væsken fra grøntsagerne.
b) Kombiner de drænede grøntsager i en tung, stor, ikke-reaktiv gryde med brun farin, cidereddike, sennepsfrø, gurkemeje og sellerifrø.
c) Varm sammen lige til kogning. Hæld op i steriliserede glas og forsegl i henhold til glassets anvisninger.

95. Sød og sur ristet peberfrugt

Gør omkring 2 kopper

Ingredienser:

- 3 røde peberfrugter eller 2 røde og 1 gul peberfrugt
- Cirka 2 spsk mild hvidvin eller rødvinseddike
- 1 fed hvidløg, hakket
- 1 tsk sukker Salt

Vejbeskrivelse

a) Rist peberfrugterne over åben ild på toppen af et gaskomfur eller under slagtekyllingen.
b) Placer peberfrugterne i nærheden af varmekilden og vend dem, mens de koger, og lad dem forkulle jævnt.
c) Tag peberfrugterne af varmen og læg dem i en plastikpose eller i en skål. Forsegl eller dæk tæt og lad dampe i mindst 30 minutter; dampen vil adskille

skindet fra kødet af peberfrugterne. Peberfrugt kan ligge i deres pose eller skål op til natten over.

d) Skræl væk og kassér det sorte forkullede skind af peberfrugterne, og fjern derefter stilke og frø. Skyl de fleste små bidder af sort forkullet materiale fra kødet ved at placere dem under rindende vand og gnide her og der. Et par pletter af sort hud, såvel som områder med ikke-skrællet peber efterladt, er fint.

e) Skær peberfrugten i skiver og kom i en skål med eddike, hvidløg, sukker, et stort nip salt og ca. 1 spsk vand. Dæk godt til, og afkøl i mindst en dag.

96. Chutney-karry sennep

Giver ½ kop

Ingredienser:

- ¼ kop mild dijon- eller fuldkornssennep med 1 kop mangochutney

- ½ tsk karrypulver

Vejbeskrivelse

a) Kombiner alt.

97. Sennep med skalotteløg og purløg

Giver ¼ kop

Ingredienser:

- ¼ kop mild dijonsennep
- 1-2 skalotteløg, finthakket
- 2 spsk hakket frisk purløg

Vejbeskrivelse

b) Kombiner alt.

98. Frisk ingefær sennep

Gør omkring ¼ kop

- 2 spsk mild dijonsennep
- 2—3 spsk fuldkorns sennep
- 1-2 tsk friskrevet skrællet ingefær efter smag

Vejbeskrivelse

a) Kombiner alt.

99. Solbeskinnet sennep med citrus

Gør omkring ¼ kop

Ingredienser:

- ¼ kop mild dijonsennep

- ½ tsk fintrevet citron- eller limeskal

- 1-2 tsk frisk citron- eller limesaft

Vejbeskrivelse

a) Kombiner alt.

100. Provencalsk sennep med rød peber og hvidløg

Gør omkring ¼ kop

Ingredienser:

- 3 spsk mild dijonsennep
- 1 spsk finthakket ristet rød peber
- 1 fed hvidløg, finthakket
- En stor knivspids urter fra Provence

Vejbeskrivelse

a) Kombiner alt.

KONKLUSION

Den ydmyge grillede ost er en af de fødevarer, som vi værdsætter som barn, men aldrig rigtig tænker på, hvorfor den har så meget kontrol over vores smagsløg. ... det er på grund af den 5. smag, umami, og specifikt en aminosyre, som kilder vores smagsløg til at opleve den unikke smag af en grillet ostesandwich!

www.ingramcontent.com/pod-product-compliance
Lightning Source LLC
Chambersburg PA
CBHW070508120526
44590CB00013B/781